弗兰索瓦一世(李春泰/绘)

古人数数（李春泰/绘）

我来，我见，我征服——恺撒大帝（李春泰/绘）

骑士与野怪(李春泰/绘)

塞维涅夫人（李春泰/绘）

PAR HUMOUR DU FRANÇAIS!
法语词汇、语法与逻辑

朱利安·苏利耶 著

陈 澄 译

中国科学技术大学出版社

安徽省版权局著作权合同登记号:第 12212003 号

PAR HUMOUR DU FRANCAIS！*L'orthographe comme on ne vous l'a jamais expliquée*, first edition was originally published in French in 2019. This translation is published by arrangement with La Librairie Vuibert.
All rights reserved.
ⓒ Vuibert，mars 2019

This book is in copyright. No reproduction of any part may take place without the written permission of La Librairie Vuibert and University of Science and Technology of China Press. This edition is for sale in the People's Republic of China (Except Hong Kong, Macao & Taiwan) only.
此版本仅限在中华人民共和国境内（不包括香港、澳门特别行政区及台湾地区）销售，版权所有，翻印必究。

图书在版编目(CIP)数据

法语词汇、语法与逻辑/(法)朱利安·苏利耶(Julien Soulié)著;陈澄译. —合肥:中国科学技术大学出版社,2021.12
ISBN 978-7-312-05274-3

Ⅰ. 法… Ⅱ. ①朱… ②陈… Ⅲ. ①法语—词汇—自学参考资料 ②法语—语法—自学参考资料 Ⅳ. ①H323 ②H324

中国版本图书馆 CIP 数据核字(2021)第 147571 号

法语词汇、语法与逻辑
FAYU CIHUI、YUFA YU LUOJI

出版	中国科学技术大学出版社 安徽省合肥市金寨路 96 号,230026 http://press.ustc.edu.cn https://zgkxjsdxcbs.tmall.com
印刷	安徽省瑞隆印务有限公司
发行	中国科学技术大学出版社
经销	全国新华书店
开本	710 mm×1000 mm　1/16
印张	8.75
插页	2
字数	197 千
版次	2021 年 12 月第 1 版
印次	2021 年 12 月第 1 次印刷
定价	45.00 元

译 者 序

这是为法语初学者准备的一本有关法语词汇的演变及语法来龙去脉的简明语法书。常见的法语语法书大都完整详实,从中国学生的语言习惯出发来解读法语的拼写与语法规则。这种编写方法固然高效,但不免失去了法语作为文化载体的功能,也使语言学习的趣味性荡然无存。

如果将一个国度比拟成一座冰山,那么显露于海面之上的一角即为语言,它是一个民族特征的表层形式,而海面下隐藏的部分则是由历史、宗教、艺术、科学与思想共同塑造而成的文明。研究法语本身是我们了解法兰西民族文化的一种重要途径。在法语优美的文字与严谨的语法体系背后,是法兰西历经沧桑的过往,是古老的法兰克民族语言与拉丁语不断的排斥与融合,更是对高卢祖先智慧的延续与致敬。

理解法兰西文明虽无法减少学习法语应耗费的时间与精力,却能使初学者在语言学习的过程中减少阻力与斥力,缓解因知识点的怪诞而产生的抵触情绪。如,几乎所有的法语初学者都曾抱怨法语计数方法的荒谬并对其加以嘲弄。即便是法语专业的学生,在牢记了这种方法后,也就不再究其原因、探其来历。再比如,法语否定式的学习也是一种挑战,这大概是因为受汉语否定式及英语先入为主的影响。是与不是、do 与 do not 的用法早已根深蒂固,再接受另一种表达法就变得步履艰难。此时,若能将法语否定式的演变过程及其原因向学习者娓娓道来,我相信这不仅能授业解惑,更能让他们耳目一新,从学习新的语言中获得新的思维方式。此外,法语语音规则的繁琐也往往给初学者带来巨大的困扰。但若了解到其很多发音规则早在人们学习英语之初就已接触并掌握,那么这一难关便不攻自破。下表分别是法语字母 c、g 和英语字母 c、g 的部分发音规则:

法语发音	字母	词汇举例
/k/ /g/	c, g 在 a, o, u 前	cas, coucou, cube; gare, gomme, lugubre
/s/ /ʒ/	c, g 在 e, i, y 前	ceci, cynique; gêne, logis, gym
英语发音	字母	词汇举例
/k/ /g/	c, g 在 a, o, u 前	camp, comb, curious; garden, govern, guide
/s/ /dʒ/	c, g 在 e, i, y 前	cell, citizen, cycle; general, giant, gym

由此可以发现,在学习法语之前,我们就已经在不知不觉中接触了不少法语的发音规则。毕竟,诺曼征服给英国人带去的不仅仅是金雀花王朝的百年兴盛、后世传颂的骑士精神与帝王传说,更是庞大而严密的法语体系对英语的渗透与改造。

译 者

2021 年 4 月 29 日

目　　录

译者序 ·· (i)

引言　我与词汇结缘 ··· (1)

我们从何处来？我们是何物？我们往何处去？——三言两语聊词源 ········ (4)

沉寂的世界——哑音 ·· (8)

词汇百川——外来语的借用 ··· (12)

把握色调——颜色形容词的性数变化 ································ (20)

常见疑难解答(一) ··· (24)

妙趣横生的算数——数字的配合 ······································· (25)

不可小觑的音符——闭音符，开音符 ································ (29)

疯狂的罗马人(与希腊人) ·· (33)

那些年我们犯过的错——句法错误 ···································· (39)

常见疑难解答(二) ··· (44)

触碰到要害了！——同音异形词 ······································· (46)

双手合十——复数 ··· (50)

回忆的声音 —— 长音符 ··· (55)

飘忽不定的符号 —— 连字符 ··· (59)

常见疑难解答(三) ··· (65)

人类一小步,法语一大步 —— 否定式 ····························· (66)

拼写的千变万化 —— 常见的错误 ·································· (70)

动词来了,问题也就跟着来 —— 罕见和麻烦的动词 ········· (75)

无独有偶,双宿双栖 —— 双辅音 ·································· (81)

常见疑难解答(四) ··· (87)

先进的复合词 —— 复合词的复数 ·································· (89)

欢迎来到虚拟世界 —— 虚拟式 ····································· (96)

阳性或阴性 —— 词汇的性别,瞧出问题了吗? ··············· (101)

一切将井然有序 —— 命令式里的欢乐 ·························· (109)

常见疑难解答(五) ··· (114)

简单过去时 —— 虚拟式未完成过去时 ·························· (115)

血色夜里的昔日怪兽之爪牙 —— 过去分词的性数配合 ····· (122)

"尸体剖验" —— 代词式动词的过去分词 ······················· (128)

结语 错误哪里藏! —— 来自完美书写主义者的诅咒 ········ (131)

引 言　我与词汇结缘

本书探讨什么？拉丁语、希腊语？还是正字法、语法或词源学？

这些问号一点都不直白爽快，不如重新换一种开头：

本书结合拉丁语、希腊语、正字法、语法和词源学来解读法语词汇的拼写。

那些令人痛苦的语法知识对我来说再明白不过了：法语词汇的起源、组合与不可捉摸的规则扣人心弦、风趣幽默，让我流连忘返。

此刻正是我讲出心里话的时候了：我对词汇情有独钟。

我并非生来就迷恋它。要知道，没有词汇基因这回事。但打我记事起，只要我碰到了陌生的单词、奇怪的拼写，或者令人诧异的词汇规则，我总会如一位红酒爱好者对一瓶刻有酿造年份的圣·埃斯泰夫红葡萄酒一般痴狂——不同的是，词汇可以尽情地畅饮，而红酒只宜适度小酌。我并未一直从事着教师的职业，但我始终都热爱词汇。这一切都归功于两个重要因素的影响：家庭和学术。

家庭的影响来自于我的外婆和贝尔纳·毕佛①（这两人彼此并不认识，也从未碰面）。故事始于 1987 年 2 月 12 日，一个寒冷却弥漫着热巧克力香气的星期六下午。那时我 11 岁，外婆建议我参加"毕佛听写比赛"。决赛在巴黎的一艘游览观光船上进行，并转播到了电视上。在那之前，我一直认真、努力且学生气十足，因此法语学得还不错。但在那场全法单词听写中，我犯的错误比听写的单词还要多。对我而言，与其说是参加了一次听写，不如说是经历了一次探索、感悟和启发。听写的"le bathyscaphe"（深海探测器）、"un timonier atrabilaire"（暴脾气的舵手）或"le psittacisme"（重复言语）这类单词就像立于我面前的怪兽，但它们怪得那样让人着迷，如同围绕在尤利西斯周围的海妖们②。如今在拉丁语、希腊语的魔法下，我一一揭开了法语里罕见的词汇及其奇特发音的面纱，它们始终能给我带来无限

---

① 贝加尔·毕佛是法国著名的毕佛听写比赛（Les dictées de Bernard Pivot）的创始人。
② 用典出自约翰·威廉斯·沃特豪斯创作的《尤利西斯和塞壬》。

的惊喜。

　　学术的影响始于一位法语老师。他大约四十出头,总爱穿着短裤和毛衫。他时不时冒出如"我邀请反刍动物们将它们的食团放到专为消化食团所准备的篮子里"这类句子;有时,他走进一间教室,会喃喃自语道:"这个教室充满着类似鼻黏液的特殊气味(des odeurs sui generis)。"我们同教四年级,而我望着他却犹如施曼娜看着罗德里戈一样炽热①。他仿佛给我灌了碗盛着"虚拟式未完成过去时"的迷魂汤,让我死心塌地成了他的发烧友。之后,我便会津津有味地将这一时态用进我的每一次书写中:"他应该会在那儿。"(Il fallait qu'ils fussent là.)"他想我遵守规矩,默不做声。"(Il voulait que je me tinsse et que je me tusse.)他曾经就一文段中出现的错误写道:"问题不该出现在这儿。"(Il ne faudrait pas que le bât blessât là.)试问,这种表达如何不让我为之动容呢?

　　这样的乐趣多得是,更别说仍未提及的比法语语法更加精细的古希腊语法,或英语和德语中不规则动词的变位了。不少青少年会在帕尼尼歌曲畅销的年代将自己喜欢的足球偶像的姓名作为歌词填充进曲中,而我的歌词本则是一本本布满着黑墨水色泽、列有不规则动词的小记录册。那些让学生们心生厌恶、让不少老师为它们给语言学习者带来的困扰而感到愧歉的奇妙词汇,在我眼里,却是那么与众不同、独一无二。

　　为避免自己被文字戏弄,不如把玩文字,这点我领悟得很快。来几局拼字挑战,玩几把填字游戏,翻阅字典、探索易位构词或品读小说,都能让我强烈的词汇欲得到片刻的满足。对了,您可知 boulimie(强烈的欲望)一词来源于希腊语,意为"牛的饥渴"? 罗伯特、拉鲁斯和格勒维斯成了我的偶像。可惜的是,他们中无一人有可供我钉在卧室墙上的海报画像,即使他们确实不如麦当娜或罗琦·沃辛那样婀娜性感。就这样,我日日查阅各类词典、探寻稀罕的词汇与被摒弃的词意,或是怪诞的性数配合。

　　于是,我于 2000 年费力地推开了教书的大门,并踏上了教育之路——我成了法国教育部的一名教师,教授古典文学,即我们常说的几乎已经荒废了的古代遗迹研究(这让我想起了电影《老师们》里的一位拉丁语教师,他是位穿着过时的小老头,一阵微弱的过堂风都能吹得他举步维艰)。

　　在十七年的教学生涯中,我努力打破"法语老师是老怪物"(prof dinosaure,从词源上说,意义为"可怕的蜥蜴")的成见,带领学生们探索各式语言的美。我跟踪与记录学生们所犯语言错误的习惯——老天才知道这活儿的辛苦,也会聆听他们的语言——一种不经意却富有创意的心跳之声,以及窥伺他们近乎诗歌般的或许

---

　　① 原文中使用的表达法 avoir des yeux de Chimène 表示对某人或某物产生强烈的热情或兴趣;施曼娜与罗德里戈来自高乃依古典主义戏剧《熙德》。

带有一丝幽默的笨拙表达。看,"鹑鸡类的禽鸟"(les gallinacés)像是遗传基因重组一般,变成了"血管寄生虫"(les parasites capillaires),"小鸡"(le poulet)分裂成了"恶虱"(pou laid)。语言在年轻一代身上的演变与创造虽转瞬即逝,却激起了我十足的好奇心。他们常被认为是不热爱语言的一代人,但这样的描述并不完全正确。

当然,自诩成功打败了成见这样的话听起来令人悦耳,实则自欺欺人。而无论在何处,总会有人念念不忘拉丁语的性、数、格变化(点一首雅克·布雷尔的 *Rosa*,*Rosa*,*Rosam*),不忘回味罕见的拉丁词汇 valétudinaire(体弱多病者),thuriféraire(阿谀谄媚者)或希腊词汇 le nycthémère(二十四小时节律)以及 le nyctalope(夜盲),不忘给动词的过去分词进行有如数学一样纯粹的性数变化,不忘找寻历史的诠释(为什么 un cheval 的复数形式是 des chevaux?)或揭开语音的谜底(chambre 来源于拉丁语 camera,但又如何解释多出来的字母 b? hospitalem 如何演变成了 hôtel?)……其中还有人自娱自乐——不但时常做听写练习,也不忘制作新的填词游戏。

我说过,为避免自己被文字戏弄,不如把玩文字。谦虚而非刁钻地玩,好奇而非无礼地玩,俏皮而非粗暴地玩。语言之幸事由此诞生,词汇之品味亦由此锻造。我想用对法语的这段幽默告白说服您,并向您传递一丝我所领略到的、取之不竭的品词的欢乐。您会发现语法能让人愉悦,词汇拼写残留着风趣的历史痕迹,那些我们往往认为已死去的语言,实则处于"活死人"的亢奋状态。品味语言如同品尝一块热乎乎的英式烤饼,和着伯爵茶或起泡的玛奇朵咖啡的香气,只会更加美味。毕竟,"语言"(la langue)这个词不仅指一种语言系统,也指味觉器官——舌头。

我们从何处来？我们是何物？我们往何处去？

——三言两语聊词源

在一阵突然袭来的生与死的痛苦中——这种事情时常发生——您会问自己："我从哪里来？要到哪里去？我的祖先是谁？"回溯家谱，您就会找到相关的姓名、他们的生平事迹，以及能勾起你模糊记忆的陌生面孔。您步入了遥远的过去，是它构成了您的存在，并塑造了您的如今。

系谱学与词源学之间只有一步之遥。人类与文字并无根本的不同：有些出自门第显赫、子弟众多的世家，有些是新生儿，不少是双胞胎（如 chef 和 cap）或孤儿（我们一直都没找到如 cochon、tache 或 tirer 这类常用词的词源），也有部分诞生于或被收留于其他家族（如 forcené 或 péage）；像这些继亲家族的词汇很早就出现了。

而这一切都始于狡黠的德罗斯特效应：为了正确拼写，我们需要考察"词源学"（étymologie）本身的词源：单词 etumo，不带字母 h，属于古希腊语，意为"真实的"；但 logos 本身有近 1 万个含义，其中包括"话语""有组织的语言"，于是有了"会话""科学"甚至"逻辑"。这也解释了为什么有将近两百多个科学与医学的专业词汇以 -logie 结尾，如 hépatologie（肝脏学）、phlébologie（静脉学）、ophtalmologie（眼科学）、odontostomatologie（口腔学）等。

但词源学和拼写法之间又有什么关联呢？词源是拼写之母，它们虽不总是认同这个观点——这位母亲有时并不尽职尽责，她的女儿也通常忘恩负义——但我们仍需留意它们之间密不可分的关系：挖掘词源，就是舒舒服服地洗一场语言的泡泡浴，让水流柔和而深层地浸润您的整个词汇拼写过程。沉浸在词源学的研究中，您会不时惊叹于自己建立的出乎意料的词汇关系网，并发现一直以来都被您忽略的词族。

在大学任教的时候，词源学与词汇分析一直都是我研究的重心。我需要揭开词汇的奥秘，正如奥德修斯尝试着找寻回故土伊萨卡的路。"这是一种接近理性主义的寻觅",那些雄心勃勃的人说道。而我仅想达到一个目的:将我对语言的热情传达给学生们。

真假双胞胎

词源学为您准备了很多其他惊喜,其中包括同源对偶词。它们像极了双胞胎,随着时间的推移,彼此分离,因为它们被不同的人群使用。一方与大众为友:我们称之为"通俗拉丁语",其非但不俗气,还带着民间特色并随时代逐渐演变。另一方则忠于它的血脉,带着浓郁的古典风:从18世纪后,那些精通恺撒与西塞罗时期(耶稣诞生之前的1世纪)的古典拉丁语的知识阶层开始欢快地从中汲取词汇新元素。

这便是同源对偶词的来历。目前,这类词在法语里共有大约八百个。拉丁语 potionem(法语为 boisson,意为"饮料"),在民间走了一遭后,派生出 poison(毒药,即一种特殊的饮料),而知识分子笔下的古典拉丁却孕育出了 potion(药水)。某些对偶词的演变的确让人吃惊,甚至还能让我们彻底重视自身的存在:拉丁语 amygdala 孕育出了 amygdale(扁桃体)和 amande(巴丹杏,为 amygdala 的原始词义);希腊语 kauma(意为"灼热"或"大热天浸在海水里的安详")孕育出了 calmer(平静)和 chômer(停止工作):这为我们重新审视工作与休息的意义提供了新思路。拉丁语 ministerium 也逐渐演变为 ministère(政府部门)与 métier(职业):那时的一些人扬言,专业人士不该插足政治。

用一个最睿智而美妙的例子结束这一小节:哲学家阿兰·布罗萨曾断言"思考即权衡"(Penser, c'est peser)。他当然深谙这其中的道理,因为这两个词正源于同一拉丁语单词 pensare(思考、称重)。这是否会让您想起那嘴里叼着"呲呲"燃烧的烟蒂、手里端着咖啡杯的哲学家布林格先生在弗兰索瓦·维隆高中201教室里的哲学课呢?"你们有四个小时……"

法语——词汇交融之地

四小时后……

现在,既然已经完成了哲学论文,那么我们就来谈谈词汇之间的联系。某些词,实际上已经离开了"原生家庭"去寻找新的"生存空间";这种现象很普遍,语言学家称之为"通俗变化语"①,指的是两个词的意义和发音看起来十分贴近,但彼此毫不相干。2400年前,在柏拉图《克拉底鲁》的对话中,他就曾以宙斯、赫拉、阿波罗等诸神之名,致力于寻找光怪陆离的词源。但相比这位哲学家的刻意而为,我们则无意为之:应当相信我们都有点儿柏拉图式的汝尔丹先生的风格②。

比如,您觉着 péage(通行税)的通俗变化语是哪个单词呢?肯定是 payer(付款)吧——高速公路的通行费无疑会使我们联想到此。可事实完全不是那么回事:péage 来源于拉丁语 pedatilum,意为"可步行通过的权利"。而 payer 却有着让人惊讶的源头:它来源于 pacare,意为"息事宁人"。

您在正常工作日(les jours ouvrés)上班,甚至还要加班到周六(les jours ouvrables),是因为人们会选择在这几天开张(ouvre,为动词 ouvrir 的第三人称变位)营业吗?糊涂了吧!ouvrer(干活)是一个已过时的动词,它和 œuvre(劳动)都来自同一个词族,意为"工作"[类似含有同样词源的还包括 ouvrage(作品)以及 ouvrier(工人)]。我们说的 les jours ouvrés(正常工作日)指的是实际工作天数(即周一到周五),而 les jours ouvrables(法定工作日)则指我们能工作的天数(除了公休日及节假日,即周一到周六)。

"暴力之徒"(un forcené)就一定会显示出"暴力"(force)吗?非也!Forcené 一词最初指的是那些精神错乱、失去理智者:fors 在古法语中意为"除了"(还记得弗兰索瓦一世在 1525 年的帕维亚战争中的感叹吗?他说:"我们失去了一切,除了尊严。"③),它源于拉丁语 foris(在外部),与 forum(广场)、forain(市集)、forfeit(承包)或英文 foreign(外来的)有着同样的词根;forsené(注意此处为字母 s)随后成了一小处拼写错误的受害者,被人们拿来充当 force 一词的通俗变化语了。

"煽动者"(un fauteur)就必然会煽动"是非"(fautes)吗,尤其当他是"混乱制造者"(fauteurs des troubles)?从词源学角度看,这大错特错:fauteur 一词来源于拉丁语 fautum,其动词形式为 favere,意为"支持"(favoriser)。因此,fauteur 指的是"支持者",但并非皆为混乱、麻烦或斗争的支持者。简言之,它可指一些美好的事物,如"正义的支持者""友谊的缔结者""爱情的捍卫者"或"和平的守护者"(至少在单纯的词源学家的世界中如此)。

其余的单词无不因人们的冒失而遍体鳞伤。词源学,犹如承担着最体贴入微的护士一职,在旁为其包扎、处理伤口,并将它健康地送归原处。于是,"酬劳"(rémunérer)与"数字"(numéro)之间再无纠葛,前者源于拉丁语 munus 与

---

① tymologie Populaire,英语为 folk etymology,指通俗词源,亦作"通俗变化语"。
② 汝尔丹先生是法国喜剧作家莫里哀的代表作《贵人迷》中的一位暴发户,本不学无术,却偏要附庸风雅。
③ *Tout est perdu, fors l'honneur.*

numeris,意为"任务、职责"。orthodontiste(矫形医生)由两个希腊语词根组成：orthos(权力,与 orthographe 的词源一致)和 odontos(牙齿)。对于后者,溯其历史,与拉丁语 dentum 有着同样的词根。至于单词 obnubiler(神志模糊),通常被误写成 omnibuler 或 omnibiler,该词的源头充满着诗般的别致：拉丁语 nubes 意为"云雾"(nuage),而 ob-意指"一种障碍",因此"神志模糊"从字面可以理解为"有着混沌的心灵",执顽念而似"被云雾蒙蔽"。

词汇学是一方取之不竭的源泉：美妙的词汇和惊喜的发现在您翻阅词典的某一角落或浏览书页的偶然一瞥中等待着您。在那儿,在千百纸张之中,您似淘金者,将寻到令人惊叹的天然金块。向着词典的宝藏奔去吧：您定将满载收获与幸福。

沉寂的世界

——哑音

让我们从一个简单的语音练习开始。请高声朗读下面的句子(别在意句意,否则您会感到失落):

Le dompteur et le sculpteur se damneraient en fait pour du persil.[①]

让别人也来读读这个句子,再聚到一起比较一下朗读的结果。即使您收集不到和读者数量一样多的发音方式,但这数量肯定也不少。(从理论上讲,若我们只观察句中的五个问题词语的发音,那么将有 2^5,即 32 种发音可能性。)

这五个问题词语里的辅音字母既可发音也可作为哑音,这取决于朗读者本人:dom(p)teur、scul(p)teur、da(m)ner、fai(t)、persi(l)。不过,要想发音纯正——也并非不悦之事——我们必须在朗读的时候省略辅音(即便某些字典已接受 dompteur 中字母 p 的发音)。

拼写法主宰着辅音的命运,这是个事实(fait,读音是/fê/):法语里像这样藏匿着"不忠"哑音的词语有几千个,它或位于单词的正中间或位于词尾。您不妨做个测试:将字母表里的辅音字母挨个揪出来,针对每个辅音,找出一两个它不发音的单词。您会发现,除了总是发音的辅音字母 j、k、v 之外,其他的都可能是哑音。

那么,问题来了:如此多的哑音字母为什么会平白无故地出现在词汇中? 它们从哪儿来? 人们为什么总拿捏不定、犹豫不决? 为了能理解这其中的缘由,让我们聆听它们的诉说:

[①] 句意:驯兽师和雕刻家会为了芹菜奋力一搏。

> 辅音之歌
> 我，辅音，诞生于悠久的从前，
> 从前是拉丁语的殿堂，如今是没落的残垣。
> 曾几何时，离法语的诞生还很遥远，
> 人人待我如宾，处处把我发音。
> 哎！时光荏苒如梭，
> 而我的声音不再于人群中穿梭。

让我们尝试更准确地理解这令人心碎的哑辅音之哀歌。

拉丁语的发音随时代变迁，产生了新的发音。即使新生辅音留存了下来，其中一部分得到了巩固和加强，但仍然有大量的辅音消失殆尽。中世纪初期的善心人（说恺撒时期语言的人）会将每个辅音都发出来，无一例外。如 li roi chantent（国王们唱歌）读起来似 li roï tchanteunnte。单词里不存在的辅音自然也就不发音，规则直白、简单。拼写法曾经就是语音学，呈现出一片繁荣欢快的景象。

但接下来，人们却折磨、虐待、蹂躏它们。起初，生活在拉丁语化背景下的抄字员和教士们对它们动了恻隐之心。"我们栖在他们的肩膀上，魅语相劝，让我们重返世间"，辅音们讲述道，"我们将词源学里辅音的美妙向他们展露无遗。我们的复出指日可待！"

被说服后，抄字员们将成千上万已消逝了几百年的辅音们恢复如初。自15世纪起，尤其到了16世纪，大量的哑辅音让我们回忆起曾有着辉煌过去的拉丁语。人们复活了辅音 s：maistre、asne、baston；回归了辅音 c：faict、fruict、sainct；重燃了 p、b、d 的第二次青春：nepueu 写成了 neveu，subiect 演变成 sujet，adiouster 演变为 ajouter。

于是，人们发现身边尽是一堆被哑辅音填充的单词，像涂抹着奶油酱的圣诞树干蛋糕一样沉重。我们来看一个例子：下面这段文字取自拉伯雷在1532年创作的《巨人传》中的序言。该序言标题既富文学性，又体现了拼写法的特征：Les horribles et espoventables faicts et prouesses du tres renomme Pantagruel, roy des Dipsodes, filz du grant géant Gargantua, composez nouuellement par Maistre Alcofrybas Nasier[①]：

> J'en ay congneu de halutz et puissans seigneurs en bon nombre, qui, allant à chasse de grosses bestes, ou voller pour faucons：s'il advenoit que la beste ne feust rencontree par les brises, ou que le

---

[①] 原文意为：渴人国国王、巨人卡冈都亚之子、举世闻名的庞大固埃的耸人听闻的事件真相与英勇事迹，据阿尔高弗里巴斯·纳西尔最新记载。

faulcon se mist à planer, voyant la proye gaigner à tire d'else, ilz estoient bien marryz, comme entendez assez; mais leur refuge de reconfort et affin de ne se morfondre estoit à recoler les inestimables faictz dudict Gargantua.

我们不禁想到,这难道不是编辑和出版商用来扩充页码、售卖更多书本的阴谋吗? 会不会是他们雇用了一帮教士,准许其肆无忌惮地往里头添加哑辅音呢? 又或者是他们按行数来支付佣金?

但正是这些贪财之辈、假义之徒、文字的刽子手们明令禁止了辅音们表达自我。"我们被迫保持绝对沉默。我们中的大多数在几个世纪的时间里便不复存在。"辅音对于拉丁语研究者来说只是陪衬,用以装饰那些被人们削去了拥有宏伟历史痕迹的词汇。比如,单词 escrire 看上去没什么大不了吧? 把它乔装扮成 escripre(根据它的古拉丁语 escriptum),而保持 écrire 的发音试试! Oscur、ostiné、ammonéter 和 amircr 也不再如它们的祖先一样光芒万丈了吧? 但这无伤大雅:它们如今被写成 obscur、obstiné、admonester 和 admirer,其中的字母 b 与 d 成为了哑辅音。

这身由专家们打造的衣裳穿在某些词汇身上却十分别扭:拜一位语法学家所赐,savoir 因此成了 sçavoir,他要么是个外行,要么因过分热忱将其词源混淆成了 scire(求知),而它实则来自于 sapere,意为"有情趣、识芳香",进而"有鉴别力",最终定义为"有智慧,通晓";至于单词 legs(馈赠),也被错误地认为源于拉丁语 legatum(遗产),而实际来源于 laisser(遗留)。

倘若您是位人文主义者,您是否渴望活在文艺复兴的年代? 这里有个语音小游戏,来测试您的读音能否被拉伯雷、蒙田、龙沙等同时代的人所理解。下面这些单词,您会如何发音? absoudre、insomnia、présomptueux、flegme、abject(答案:/assoudre/、/insonie/、/présontueux/、/flème/、/ajè/)。

"从文艺复兴到它结束后的一段时间里,我们依旧被书写在文字中,却被抹去了声音。"哑辅音们嘟哝道。

无声胜有声

"我们为什么能重返故土呢? 其实答案很明显。"

原因之一,正如我们才看到的,是拉丁语的威望:单词 aucteur 更加高贵,因为它来自于拉丁语 auctor。

其次,某些哑辅音起着不可忽视的作用:在单词 nepueu 中,哑音 p 意味着随后的 u 需要发/v/音,而该音在当时并不存在。同样,在单词 adiouster 中,哑音 d 意味着随后的 i 需要发/j/音,虽然这个半辅音产生于 16 世纪,而直至 1762 年它才真正得到法兰西学士院的承认。

最后,某些辅音能帮助我们迅速识别同音异义词:tens 演变成 temps(为拉丁语 temps 的纪念物),我们再也不会将其与 tant、taon、tend 混为一谈;coin 和 coing 中的哑音 g 就能区别 coin(角落)与 coing(木瓜);陷阱(puits)中多加了一个哑音 t(因其词源为拉丁语 puteus),以便人们区分副词然后(puis)。

"我们有三种功能呢!谁道我们无用?"辅音们仗着书写的骄傲反驳道。

"不瞒您说,我们可打了场硬仗。"的确,随着时间的推移,它们中的大部分逐渐找回了自己的声音:在 obscur、administrer、abject 这些单词里,几乎没有不发音的辅音了。

而有些词语的灵魂却像是找到了平静,永远地消亡了,如 apvril(avril)、febvrier(février)及 mesfaict(méfait)里的哑辅音。"它们的牺牲是为了更伟大的事业:让更多的辅音留存下来。"辅音们自我安慰着,眼角滚动着泪珠。

部分辅音藏在单词中不发音,如 sculpteur、auto<u>m</u>ne、conda<u>m</u>ner。

此外,人们在词汇发音上的摇摆不定还存在于以下两处:一是数字的发音,如 six 发/siss/,但 six fautes 则读成/si/ fautes,huit 读/uitt/,但 huit livres 则读成/ui/ livres;二是一些复数词汇的发音,如 des os 读/dèzô/,des œufs 读/dèzeu/,des bœufs 读/dèbeu/。des bœufs 的单数形式 le bœuf 在 16 至 17 世纪的民间读成/beu/。语法学家则建议辅音前面的字母 f 不发音,如在词组 le bœuf gras 中,f 位于辅音 g 前,读/beu/音。

最有趣的莫过于现如今人们对于多数词语发音的拿捏不定。"21 世纪决定性的胜利一定是属于我们的。"辅音们骄傲地道。的确,很多词语里的辅音有恢复发音的趋势:不少法国人会发 dompteur 中的辅音 p,coût 与 fait 里的 t,damné 里的 m,persil 与 sourcil 里的 l,exact 中的 ct,prompt 或 exempt 中的 pt 等。

辅音之回归,展露天地之正道,中世纪的古拉丁语又徜徉耳畔。如此,拼写的旅程最终画上了句号。

词汇百川

——外来语的借用

与政治上竞相筑起的高台壁垒相反,词汇能够跨越国界的限制。法语词汇亦不例外:在过去的一千多年中,法语容纳了数千词汇,并借经济全球化之力,仍在不断吸纳新词汇。

一个单词如何穿越国界?它是否需要一张带有法定印章的护照?到达以后它又如何获得当地的居住证?是入乡随俗还是喧宾夺主?

无国界语言 MSF[①] 与非高卢组织 ONG[②]

单词如人类:它诞生,它成长,它死亡。像 éfourceau、empyreume、grimaud、ignivome、obvenir、odelette、olim、ophiologie、rédimé 和 vésanie 等单词,自 1998 年后便从《小拉鲁斯词典》中消失了,怀一份思念吧!

而单词又比人类要幸运:它不被砖墙铁网桎梏,它畅游于语言之间,毫无阻碍地扎下根。法语正是如此发展了一千多年,亦无理由停下脚步:全球化在一旁监督着呢。

再打个比方。一种语言就像一块千层酥,其基础层足够厚实、柔软:这是语言的源头(用语言学家的话讲,叫"低层语")。上方添加了匀称的、食材丰富的不同夹层:这是外来词汇。

---

① MSF,原为 médecins sans frontières(无国界医生)的简写。此处,原书作者改为 mots sans frontières。

② ONG,原为 organisation non gouvermentale(非政府组织)。此处,原书作者改为 organisation non gauloise。

我们应立即打消一种普遍的认识，即高卢语是法语的源头。事实并非如此：高卢语是一种已经灭亡的凯尔特语（和布列塔尼语同属印欧语系的分支），大致在公元1至5世纪遭到拉丁语的侵蚀。我们至今能在一本约6万单词的图书如《小拉鲁斯词典》中找到大约两百个高卢词汇，差不多占总词汇数的0.3%。存活下来的术语大都与原始的生活方式相关，如mouton、bouc、chêne、sapin、pièce、boue、chemin、crème、tonneau、creux、bleu、blanc、gris，副词如guère和trop。当然，还要数男裤开档上的"拉链"（braguette）一词，它来源于高卢人阿斯历克斯身上穿的出名的"长裤"（braies）（日耳曼人更愿意用les toges，服饰词，用于表达人们披上的"袍子"）。再回到高卢祖先身上，无论与语言是否有关联，历史学家们知道高卢人从不曾以佩戴羽翼头盔或女祭司的树枝头冠为豪——他们嗤之以鼻——亦不吃野猪。因为在高卢文化里，野猪是一种神圣的动物。但高卢人与如今的人们有一个共同的爱好，那就是喜欢喝纯葡萄酒并因此享有盛誉。

接着，法语的历史就和法国史融合在了一起：外来词汇挟带着源语言的血统，辗转经由塑造法国的历史大事件，蜿蜒曲折地偷渡进法语。日耳曼族的"侵略"带来众多的法兰克词汇（法兰克人的语言）。您知道，克洛维留给后世的可不止是斯瓦松的花瓶和击碎它的那柄利斧，还有五百多个词汇，其中包括guerre（werra，随后演变成英语的war）、honte、gagner、orgueil、hardi、laid、gai、renard、blé、jardin等。

又行一段历史，再往上数一层语言"千层酥"。12至13世纪的阿拉伯文明达到了巅峰，科学领域尤其发达。当时的法国正热衷于搜集与科学相关的词汇：阿拉伯语于是借鉴别国语言，将不同科学领域的术语植入法语，这些术语来自炼金术（alchimie、alembic、alcool），植物学（nenuphar、jasmin、lilas、safran），数学（algèbre、sinus、chiffre、zero、algorithme、antonomase d'Al-Khwarizmi、scientifique perse），天文学（zénith、azimut）和医学（nuque、saphène）等。

再攀一段历史，又会浮现一层语言痕迹。历经14世纪的意大利战争，在16世纪成为法国王后的梅第奇家族的卡瑟琳和同时期意大利的经济扩张在法国掀起了一股持续的意风：军事（alerte、bataillon、canon、soldat），音乐（bémol、fugue、violon），艺术（arabesque、modèle、mosaïque），金融（banque、escroquer、bilan），社交生活（caprice、caresser、caleçon、carnaval）以及美食学（macaron、pistache、saucisson、sorbet）等领域的词汇大量涌入法语。意大利的文艺复兴加速了这一进程。其中，但丁的语言就为法语添加了两千多个词汇。

此外，伴随着地理大发现和征服新大陆而来的美印第安文明的词汇也为法语注入了新鲜的血液，像avocat、cacahuète、cacao、patate、tomate、caiman、barbenue、canot；来自西班牙语的anchois、fanfaron、camarade、bizarre、sieste；来自德语的brèche、chope、chenapan、asticoter、flingue以及近些年引入的风靡于年轻一辈中的日语

13

词,如 maki、miso、sachimi、tofu、origami、futon、karaoké、sodoku 等。这得感谢日本的美食和轰动全球的日本动漫。

这就是法语千层酥的制作过程:这块糕点可口美味、古雅别致,充满异域风情。用烹调类节目经常提到的话来讲,是一块值得"重品"的千层酥。

英语 + 法语 = 英式法语?

法语和英语很早以前曾是部分关联的,所以人们常说,法语是罗曼语系中最具日耳曼风格的语言,而英语是日耳曼语系中最具罗曼风格的语言。的确如此:自从征服者威廉一世入侵英国后,法语就成了英国宫廷的官方语言,法国人的"宿敌"英国人也能自如地讲法语。设想这样的情景:您在世界的每一个角落都能听到莫里哀的语言,美国人也用法语畅说天地,英语不再是世界第一语言!

在欧洲之星铁路建成前,词汇们就已游刃有余地穿梭在各国之间。比如,英语单词 bar,来自于含义为"柜门把手"的中世纪古法语 barre,它直到 19 世纪才演变成如今的模样;法语单词 sport 虽然采用英语的书写形式,但该词确是源于古法语 desport;古法语 bougette(意为"袖珍钱袋")随后演变成 budget,并采用了英语的发音方式。

英语中大约七成的词汇都来源于法语,因此,法语单词再从英美文字套用回来也无可厚非。只是这些被挪用回来的术语时而能弥补法语表达的空缺,为其锦上添花,时而则因过分追求时髦,制造了词汇垃圾,"污染"了法语(当它们只是替换了法语中原本已存在的表达法,如英文的"营销学"marketing,顶替了法语词 mercatique)。法语既有了带着一抹原汁原味的法式长音 î 的 entraîneur 一词(教练),又何需英文 coach,或《奥德赛》里的 mentor?(Mentor 是尤利西斯之子忒勒玛科斯的导师,"导师"一词由此而来。)既有了 soutenir 和 encourager,何须 supporter?法语里的动词 supporter 除了表示"支持,支撑",还有"容忍、忍耐"之意,所以像 supporter une équipe de foot 这类表达法便容易被误解。

当然,保持语言的纯洁性固然重要,但也要适度。Email 就可与 courriel 自如替换,leader、chef、dirigeant 和 porte-parole 也能灵活互换,类似的还包括 benchmark 与 comparison,live 与 direct,spam 与 pourriel……可谓数不尽数。反复与刻意的变换能提高您词汇运用的精确度和思维的锐度。我们不能全盘否认英语表达法,它们和其他国家的外来词汇一样,有着各自的用途,能进一步丰富我们的语言。如,hamburger、volley 或 cutter,它们填补了法语词汇的空缺。我们在接受新概念的同时,引进表达概念的术语也理所应当。再者,法兰西语言丰富委员会所创造或提倡使用的代用词虽说做不到与源语言吻合一致,但也偏离不到哪儿去。如例句"亲爱的,我智能手机(ordiphone)的无线上网连接口(accès sans fil à l'internet)出了问题,能帮我检查下多功能使用盒(boîtier multiservice)吗?"听起来可能会给夫妻之间的交流带来困扰。不如说"亲爱的,我手机(smartphone)的无线网络(wi-fi)出了问题,能帮我看下路由器(box)吗?"

部分词汇的供应源几乎独一无二,如从美式英语涌进的快餐饮食方式与其引发的相关心血管疾病方面的词汇。瞧一眼 2018 年和 2019 年引入法语的外来词汇,几乎一半都来源于美国:2018 年的 checkpoint、gamer、googliser、liker、lise、mook、playlist、retweeter、spin-off、sextoy;2019 年的 darknet、queer、e-sport、hacktivisme、chatbot、reply、drive、cosplay、storytelling、hover-board 和 globish。

外来词汇的书写与发音

我听到了人群中最犀利的嘲讽:"真是个逆反的偏人!得跟上时代,现实点儿!"的确该如此。但这既不妨碍我们用批判的眼光重视语言的演变,也趁着锻炼眼力之际,回顾一下历史。

20 世纪以前,外来词汇一直都有被法语化的趋势:如 packet-boat 转变成 paquebot,riding-coat 转变成 redingote,gas-oil 后来写成 gazole,fuel 也可以写成 fioul。我们通常以类比的形式,利用法语中有着类似发音或形式相近的词汇来替换新的外来词汇。这样,在经过了较长时间的驯化后,它们融入了法语的发音和拼写体系中。再如德语 dauerkraut(酸菜),随后演变成法语 choucroute,其中 kraut 的意思是"卷心菜"(chou)。同样,单词 asticoter 来自于 dasticoter,后者是德语 Dass dich Gott …的音译书写(意思是"上帝命你……"),因其发音与 asticot(蛆)相近而来。毕竟,当人们被惹恼时,难道不会像蛆一样"蠢蠢欲怒"吗?

常听人们说,法国人对外语一窍不通,这下可把他们急坏了。于是宣布:外来词汇,特别是英文词汇,需保留源语言形式,不做更改。所以,英文单词 container 在经历了漫长的岁月后,才有了非常法语化的发音,拼写成 conteneur;同样,manager 也几乎不写成法语化以后的 manageur 或 manageuse。

显然,问题的关键在于,法语的发音体系并不一定能适应某些语言,尤其像闪含语系的阿拉伯语和希伯来语,日耳曼语系的德语、英语、荷兰语,甚至是西班牙语。更别提读起来聱牙拗口的生僻词,像德文单词 breitschwanz(意为制造大衣的"羔羊皮")和 weltanschauung(哲学词,意为"世界观"),连通过了高中会考的 20 岁以下的德国小伙都未必认识。

让我们做个发音小练习,锻炼一下您的语言肌。下面的单词您会如何发音呢?我已将词源标注了出来:

- Azulejo,jerez(西班牙语)
- Schiedam(荷兰语)
- Smoothie(英语)
- Imbroglio(意大利语)
- Qi gong(汉语)

Azulejo(瓷砖)的发音是/assoulérrho/,其中的小舌音 r 定使您的喉咙发痒;而 jerez(赫雷斯白葡萄酒)读成/rrhérès/,也可以拼写成 xérès,发音为/gzérès/或/skérès/,甚至是/kérès/!

Schiedam(杜松子酒,烧酒)读成/ski-dame/;

Imbroglio(杂乱无章)读成/imbrolio/,意大利语里的字母组合 gl 发鄂化辅音 l;

英文单词 smoothie 需要发出著名的摩擦音 th,将舌头放置在上下齿之间,发音时应有种舌头打了卷的感觉,读成/smoussi/;

中国的气功学讲究肢体的运动、呼吸的调整以及思想的集中三者合一,拼写和发音时也应屏气凝神,读成/tchi kong/。

倘若先有发音,再有书写,那么我们该如何才能像样地书写这些外来词汇呢?我们早已习惯了法语词汇拼写的怪异性,但像单词 burqa(而非 burqua,唐突地省略了 u),taqiya(既有 i,也有 y),ePub(中间莫名地大写了字母 P),phô(怎会读成/feu/),wrap(到底读成/vrap/还是/wap/),我们又该如何分辨呢?我们是否应保留它们的书写形式?要保留多久?是否该本土化这类词汇,从而写成 burca、burqua、bourka 或 bourqua? taqiyya 或 taquilla? ePub 或 ipeub? phô 还是 pheu? wrap 还是 vrap? 这些问题仍待解决。

这便是一个外来词汇的融入与排斥的过程:它初来乍到,但需在词汇的炼狱中待上一阵子;随后半保留原样,半被本土化,摇摆于两个国籍之间。目前,这段炼狱的日子仍在不断延长,就像我们刚刚看到的一样:外来词汇越来越快地被纳入法语词典中,但这种迅速的引进将给它们永恒地烙上特殊的书写印记。

外来词汇的复数配合

古怪稀奇者,拼写也;古板执拗者,其友语法也。语法一旦倦怠,拼写也随心所欲,放任自由。

这是生活中常见的一幕:晚饭时间到了。男人已为家人做好了培根蛋面,正洋洋得意于自己的厨艺。一不小心,撞翻了冒着烟的滤锅及柜台乳白色方砖上准备好的一切。男人极度绝望地捡起了他失败的杰作。这时,女人喊道:"亲爱的,用点心,没瞧见地上还有根意大利面(un spaghetto)吗?"

实话道来,人们离婚的理由可比这要更加微不足道。

将外来词汇变成复数形式,好比破解一道中国的智力题,语法爱好者们满怀激动地沉思着这高乃依式①的选择。

第一种可能性是保持词汇的原有复数形式,但这样做可能会被诟病成满是迂腐之气,甚至造成沟通障碍,如例句:

Oh, mon amour, regarde, là-bas, le Targui et ses méhara sur les areg! N'est-ce pas magnifique? (哦,我的爱人,快看那边,阿哈拉上的图阿雷人和他的梅哈拉们! 多么壮观!)②

为了家庭的和睦,要知道:Targui 是 Touareg(图瓦雷克人)的单数形式,而 méhara 是 méhari(骆驼)的复数形式,areg 是 erg(撒哈拉的沙丘)的复数形式。这些来自于阿拉伯语的词汇既可以写成被法语化以后的形式(Touareg、méhari、erg),也可以保持其原型不变。

同样,德语为我们提供了 un leitmotiv,复数为 des leitmotive(主旋律)和 un Land, des Länder(国家,发音为/lenndeur/);希伯来语带来了 un goy、des goyim(异教徒)和 un kibboutz、des kibboutzim(集体农场);西班牙语送来了 un conquistador、des conquistadores(征服者)。但这类词汇大部分来源于以下三个语种:

- 意大利语,如 un mafioso、des Mafiosi(黑手党);un soprano、des soprani(高音女歌手);une prima donna、des prime donne(首席女演员)。
- 拉丁语,如 un minimum、des minima(最小值);un stimulus、des stimuli(生

---

① 皮埃尔·高乃依(Pierre Corneille)是法国 17 世纪著名的宫廷剧作家。他创作的《熙德》(*Cid*)中的人物施曼娜在得知深爱的罗德里戈杀害了自己的父亲后,经过了痛苦的情感挣扎和理性思考后,做出了清醒的抉择。此处被命名为"高乃依式的选择"。

② 原文的准确含义为"哦,我的爱人,快看那边,撒哈拉沙丘上的图瓦雷克人和他的一群骆驼! 多么壮观!"

理刺激);une supernova、des supernovæ(超新星)。

• 英语,如 un match、des matches(比赛);un cameraman、des cameramen(新闻摄影师);un whisky、des whiskies(威士忌酒)。

知道哪儿出问题了吧:如果您想在同岳父、岳母大人共同进餐时炫耀一番,以堵上他们挑剔的嘴巴,您得尽快多学几门语言了。

第二种可能性——净化:既然我们拿不准该如何应付这些外来词汇,那便不做任何改变,由它去吧。如拉丁语 un veto、des veto(veto 是拉丁语动词的第一人称变位,意为"我拒绝");un credo、des credo(名词,意为"我相信");un requiem、des requiem(安魂曲)以及描述宗教颂歌一类的术语,如 des ave(经文)、des miserere(圣歌)、des magnificat(圣母赞歌)。

但是,当借用过来的词汇本身就是复数时,这个问题就要棘手得多,比如 duplicata、desiderata 和 errata,我们到底该采用哪一种写法呢? 是 un duplicatum(原拉丁词单数)、des duplicata,还是 un duplicata、des duplicata,又或是 des duplicatas? 法语的新版词典里纳入了和校园文化相关的词汇,如 les alumni(大学校友会里的老校友)。但我该如何写出它的单数形式呢? 是 un alumnus(阳性单数)? 那既然有了阳性单数词,何不创造一个阴性单数词(une alumna)凑成一对? 这么一来,拉丁语的性数格变化便重现在法语里了。我可以睁一只眼闭一只眼,但保不准其他人也能坦然接受。

第三种可能性是,我们热情好客地敞开大门迎接新到来的词汇。这些小词也很快适应了这里的生活,对法语化后的复数形式十分满意。此前,它们可是经历了一连串的考验:它们首先要到上述其中一种可能性里走一遭,然后才能被赋予神圣的法语复数词缀"s"! 未来,大部分的外来词汇会更加迅速地被法语化。但也有反例,如我们在宣传海报上看到的 Boxes à louer。其中,box 就保持了英式的复数变化(-es)。我们常听到 les scenarii(scénario 的复数形式),这是否能为平庸的剧情增添一笔趣味呢? 科学家们能通过特殊的复数变化识别词汇,如 des stimuli、des cellae、des codices(codex 的复数形式),就像入侵者那根有别于正常人的小指[①],我们这些单纯的文森先生们,看到它们就像看到了可怕的外来物种一样。

这恰恰是问题的核心:字典里所谓的"学术范复数"(le pluriel savant),实则为一种学究气的复数形式,如同享有特权的那一小部分团体。外来词汇的复数变化是一种两难选择,到底做凡夫俗子,还是智者精英,由您自己决定。

---

① Le petit doigt(小拇指)源自法国 1967 年的科幻系列片《入侵者》。剧中,文森先生发现了外星人的小拇指不能和正常人一样弯曲,由此,"不能弯曲的小指"则作为分辨正常人和外星人的重要标志之一。

您可知音乐里的音阶从何而来？

值得一提的是，音乐里美妙动听的音阶名称也是永久不变的，如 des ut、des ré、des mi 等。它们来自于圣让·巴蒂斯特教堂里长的一首圣歌的拉丁语版：

Ut queant laxis, **Re**sonare fibris, **Mi**ra gestorum, **Fa**muli tuorum, **Sol**ve pollute, **La**bii reatum, Sancte Iohannes.

(Ut, Re, Mi, Fa, Sol, La, Si：哆，瑞，咪，发，索，拉，西)

它唱的是：神圣的主，请你除去不纯洁的仆人身上的罪恶，让我们用轻松的旋律唱出你行动的奇迹。

把 握 色 调

——颜色形容词的性数变化

设想这样的场景：

今日，亚速尔群岛的反气旋产生的高压带持续笼罩在您的周围，逐渐形成了几朵散布的厚积云；此时的天空就如比利时文字游戏里描述的一样：既晴朗又炎热①。您随后决定踏上老旧的自行车放松身心：那沐浴着阳光和点缀着绚丽花朵的道路任您畅行。

因乏味的生活、繁重的工作而倦怠的您会惊叹于突然升起的艳丽夺目的烟花；大自然母亲本就是一位杰出的花炮工匠：于是您带来了三脚架，备好了调色盘与几支画笔。瞧，最佳的取景处就在那稻黄色的田地和浓郁的森林之间。坐定后，您运用细腻灵动的笔触，开始了后印象派风景画的创作。在绘画方面，您倘若不算是天赋异禀，那也是出类拔萃。调色盘里的水彩溶液汇聚成一湾细流，您悠然地蘸进画笔，随即专注地投入绘画：蓝色的天空中漂浮着白色的云朵，艳红的虞美人盛开在金黄色的麦丛中。抽出了新芽的树木向褐色、棕色与大红色泽的凤尾草投去了一块块黑色的斑点。

所有以上的颜色均真实、纯粹。作为形容词，它们始终需要与名词保持性数一致。完整的颜色形容词列表并不长，上述罗列的通常也是最普遍的，如 beige（米色）、bis（法式长棍、帆布的灰褐色）、blanc（白色）、bleu（蓝色）、blond（金色）、brun（棕色）、châtain（栗色）、fauve（黄褐色）、gris（灰色）、jaune（黄色）、noir（黑色）、rouge（红色）、roux（橙红色）、vermeil（朱红色）、vert（绿色）、violet（紫色）等。这几乎就是所有的颜色了。

Châtain 一词是否可变呢？当然！它不仅有数的变化，如 des cheveux châtains，

---

① 比利时文字游戏（Beau et chaud）是一种首音互换的文字游戏，将一个或两个词中的元音、辅音等相互调换以产生诙谐的效果，如将 bicyclette 首音误置成 cybiclette。

也有性的变化,如 une chevelure châtaine。可是,它也可以不作性的变化,如 une chevelure châtain, des toisons châtains。《罗贝尔词典》明确指出,châtain 的阴性形式很罕见。这种特殊性也体现在其他的形容词上,如 con(Elle est con / conne. 她很笨。), costaud(Elle est costaud / costaude. 她很壮。)。

问题又来了:您可不是业余的画家①之流(这还得感谢法国的工时管制,您周五也可以作画),您发现调色盘里的颜色远不能满足您的艺术追求。此时,在不远处,您瞧见一片树林,里面有橘树和栗子树(我知道,从植物学角度看,这两种树是不可能同时出现在一起的。但别忘了,我们现在正处于想象之中)。它们的果实看上去十分诱人,您不禁想要剥去橘皮和栗壳尝尝新鲜,但又耐不住您此刻作画的冲动。您于是借用了它们的颜色,将一部分果实绘成了橘子的颜色,一部分绘成了栗子的颜色。简言之,就是橙黄色和咖啡色的果实。这就解释了大量的颜色词汇无需进行性数配合的原因。它们来自于与颜色无关的事物名称,如蔬菜瓜果类的李子(prune,深紫红色)、樱桃(cerise,鲜红色)、茄子(aubergine,深紫色);花草类的水仙花(jonquille,浅黄色)、海棠花(fuchsia,紫红色)、薰衣草(lavande,淡紫色)、藏红花(safran,藏红色);矿物质类的无烟煤(anthracite,灰黑色)、翡翠(jade,暗绿色)、绿松石(turquoise,青绿色)和其他事物名称,如桃花心木(acajou,棕红色)、墨(bistre,茶褐色)、巧克力(chocolat,深褐色)、皮肤(chair,肉色)、香槟(champagne,浅澄色)、灰油(mastic,灰黄色)、芥末(moutarde,芥黄色)、黄金(or,金黄色)、朱砂(vermillon,朱红色),等。对于这些可以用作形容词的事物名词,您都可以在后面加上"couleur de"这种表达法,如 des pantalons couleur de chocolat。

对我来说,我更喜欢读音悦耳、书写别致的 zinzolin,这是一种含有淡红色的紫色,并且它无需进行性数变化(很多词典对这一语法点各执己见),如:
Zélie est zinzin des chemises Zara zinzolin(ou zinzolines). (泽莉对扎拉的紫红色衬衫啧啧称奇。)

当然,倘若没有个别例外,也就不是法语的特色了。目前,法语中有五种与"红"相关的颜色形容词需要进行性数配合,它们是:绯红 pourpre、粉红 rose、浅红 incarnat、浅紫 mauve 和鲜红 écarlate(它们的首字母可以组合成词汇 PRIME),如, des écharpes pourpres, des robes roses, des lèvres incarnates, des fleurs mauves, des joues écarlates。现行的不少语法书把 fauve 一词也纳入这个行列。

您的画作进展得不错,但您对艺术的精益求精让您开始增添新的色彩:叫声洪亮的灰绿色(gris-vert)青蛙,沉甸甸的稻黄色(jaune paille)麦穗,聒噪的煤玉般黑的(noir de jais)渡鸦……

以上词汇均无需性数配合:只要某种颜色形容词由两个或以上的词汇组成,就

---

① Peintre du dimanche,表示业余画家,英文为 amateur painter。

不做变化，如 des chemises bleu ciel（天蓝）、jaune fluo（荧光黄）、gris anthracite（炭灰色）、vert bouteille（绿瓶）、rose bonbon（糖果瑰红），等。您可以尽情发挥想象力。今后，不要再说"纯红色的墙壁"，而要说"动冠伞鸟色墙壁"（coq de roche），"白色手套"不如"新鲜黄油色手套"（beurre-frais）动听，"暗黄色墙面"也不如"牛尾巴色墙面"（queue de vache）有趣。

我最喜爱的颜色莫过于"牝鹿之腹"（ventre de biche，米色）和"美人热辣之髀"（cuisse de nymphe émue，艳粉色）。"亲爱的，要不咱就买牝鹿之腹色的宝马新款跨界车，如何？""好。那我也想要美人热辣之髀色的仪表盘哦！"这么一说，还会遭到拒绝吗？

突然，一阵悠然自得的哞哞低吟打断了您的创作。谁这么大胆？原来，两百米开外，几只奶牛徜徉过田地，毫不在意它们那一身惹人爱的、有着黑白斑块的双色皮肤（robes blanc et noir）会给您带来的苦恼。相隔不远处，是它们血统不那么纯正的同类，肤色全白或全黑（robes blanches et noires）。

这两种表达的不同处在于，des vaches blanc et noir 指每只奶牛身上都有黑白斑块，这是个复合形容词，不进行性数配合；相反，des vaches blanches et noires 是一个省略词组，原词组为 des vaches blanches et des vaches noires，指一部分奶牛为纯白，一部分为纯黑。在这种情况下，颜色形容词就需要进行性数配合。

未来，我们要么写"黑白双色棋盘"（des échiquiers noir et blanc）或"蓝白红三色旗帜"（des drapeaux bleu, blanc, rouge "bleu, blanc, rouge"三色之间本应加上连字符，但这种写法未被采纳），要么写"纯绿、纯黄和纯红色三角旗"（des drapeaux de baignade verts, jaunes et rouges）或"纯蓝和纯白色调"（des monochromes bleus et blancs，这种色调您多半是不喜欢的，毕竟您的画风更具19世纪而非现代绘画的特色）。

下午的时光已流逝，影子也逐渐拉长，天色在不知不觉中变得灰暗。此时，您满心欢喜，因为您已完全理解了颜色形容词的性数变化规律。于是，在落日的余晖中，您转身离去，嘴角浮着一丝微笑。

哟，您忘了带上您的画作了。

颜色词里的连字符

若真有一种用在连字符上的符咒,那它肯定是(跟着我念):连字符变幻莫测。它在颜色形容词里的随意运用想来也不会让您觉着稀罕,比如 beurre-frais(鹅黄色)、feuille-morte(枯黄色)、gorge-de-pigeon(闪色)、lie-de-vin(酒渣色/紫红色)、tête-de-nègre(深栗色)、vert-de-gris(灰绿色);再比如不加连字符的 noir de jais(煤玉色)、coq de roche(艳红色)、caca d'oie(黄绿色)、queue de vache(棕黄色)等颜色。

只有一种情况是肯定的,那就是在两个均为真实颜色的形容词之间,需要添加连字符,如 gris-bleu、bleu-vert、brun-roux、gris-vert、bleu-noir 等(jaune orangé 较特殊,语法学家们用本身已矛盾重重的语法规则为这个问题久久争执不下)。

常见疑难解答（一）

"看，到目前，我们读了大约五十页（quelque cinquante pages）了吧？"

"等等！单词 quelque 在复数名词前为什么不加 s 呢？这到底是怎么回事？"

此处的 quelque 其实并没有直接修饰名词 page，不像这个句子：Vous avez déjà lu quelques pages? 句中的 quelque 相当于"plusieurs"或者"certaines"。因此，它需要和所修饰的名词进行性数配合。而在我们的问题句中，单词 quelque 的意义为"差不多""大约"，法语为"à peu près"或者"environ"。而副词 environ 永远不做变化，所以此处位于量词前面的 quelque 也就不进行性数配合。

证毕。

妙趣横生的算数

——数字的配合

继田园绘画后,您又在短短几天里读完了一本关于词汇拼写的书。虽受益匪浅,但读来却乏味枯燥,无一丝幽默。于是,您决定给这个用希腊语写着"古时战士"的购书网店评个分;接着,您又上另一家写着蹩脚英文名的外卖网店买了份寿司,又评了分……这就是当今的社会!样样可测可评、可量化与数字化:无论是您下榻的宾馆,还是参观过的博物馆,无论是常在一起攀谈的邻居,还是教您孩子的教师,均由数字支配。更别说那些服务行业了,样样都得和数字打交道。

那么,这个数字为王的时代又为字母的书写留下了多少余地呢?

总的来说,以纯字母书写数字的方式如今并不多见:除了 quatre、cinq、neuf、onze、vingt、cent、mille 等单个词表示的数字之外,便都是阿拉伯数字的天下,如 31、208、1515(1515 年的马里尼昂①激起了我残存的记忆)。

在下面两种情况里,我们用字母拼写替代阿拉伯数字:一是填写支票,虽然很多人都拿不准数字的拼写;二是填写合同,哪怕您只写了一个阿拉伯数字,都有可能给您带来不可估量的损失。如,您和客户签订了一个价值 3500 欧元的合同,而您大意或特意地加了一个零,您的上司要么对您横眉怒目,要么对您刮目相待。倘若您写成 trois mille cinq cents euros,则会大大降低风险。此外,这种表达法进一步指明了 cent 与 euro 之间的关系。

在众多对欧元的批判中,有一个声音被完全遗忘了,那就是数字的连诵。最易处理的情况是我们不进行连诵,如读成 cent/euros,quatre-vingts/euros。而最棘手的是我们错误地进行了连诵,尤其是以 t 结尾的,连读成了 z,而以 s 结尾的,连读成了 t,如 cent (z)euros。

---

① 指代 1515 年由法王弗兰索瓦一世对战瑞士军队的马里尼昂战役,法国的陆战炮兵自此兴起。

那么 80 euros 到底该怎么读呢？这要求我们懂得如何进行数字的配合。这点在古法语里并未涉及：80 frans（由于法郎 frans 以辅音 f 开头）可没给咱们带来任何发音上的不便。但有个小诀窍能帮助您绕过 vingt、cent 与 euro 复杂的配合规则，那就是用 ans 来代替 euros。瞧，感觉来了吧！于是，Papi Joseph a 80 euros, arrivera-t-il à 100 euros? 就变成了 Papi Joseph a 80（z）ans, arrivera-t-il à 100（t）ans?

数字的拼写

若这个小诀窍不适合您，那么就让我为您娓娓道来更加系统、严谨的数字拼写规则吧。

首先，用来计算的数字（语法上称为"基数限定词"）永不变化，如 quatre enfants、douze mois、mille ans。简单吧！

当然，这其中混进了两个小滑头，总在限定词（不做变化）和名词（需变化）之间摇摆不定，它们是 vingt 和 cent。正是这种徘徊不定，给其语法规则留下了伤痕：在同时满足是复数以及处于数字的最末端这两个条件下，vingt 和 cent 才需要配合。这个规则看似小题大做，但实际正是如此，如 quatre-vingts、deux cents、trois cents、neuf cents 等。而在其他情况下，它们则始终保持不变，如 cent vingt、mille vingt（此处 vingt 虽位于末端，但不满足第一条本身是复数的情况，如 quatre-vings 指的是 4 个 20，所以 20 为复数）。瞧，现在看起来，也没么复杂了吧！于是，我们可以这样写（虽然意义显得有些奇怪）：

Ce trader a gagné des mille et des cents, avant de faire perdre quatre-vingts milliards à sa banque.

仔细研究会发现，millier、million、milliard 这三个词皆为名词，而非限定词。如果有一天，您需要用字母书写 quatre-vingts millions d'euros，别忘了在 vingt 和 million 后分别加上 s。

您决定重读这本让您爱不释手的词汇书，希望尽可能汲取其中的精髓。在第 80 页，一阵疑惑涌来：当我们说 la page 80，我们指的不是 80 张纸，而是页码数为 80，第 80 页 la quatre-vingtième page，不是吗？悟性不错！的确，la page 80、les années 80、la chambre 200、le dossard 400 这类表达法指的是一个位置、一个序列号（语法中称之为"序数限定词"），它们是：premier、deuxième、dixième、centième、millionième，等。这类词无法变化，如 la page quatre-vingt、les années quatre-vingt、la chamber deux cent、le dossard quatre cent。

结论：这本书确能加深您对语法的理解。

10 个手指头和 10 个脚趾头

是时候该小憩会儿了：让我们来谈谈算数（毕竟，语法不就是一种数学形式的语言吗）。

您可能会认为，在法语算数中，我们只从 1 数到 10。然后又从 11 数到无限大：11，12，13，…，800，900，…

可事实并非如此，我们数到 20 时，我们可以运用 4×20（quatre-vingts）来表示 80，又可以用 $4\times20+10$（quatre-vingt-dix）的混合运算方法表示 90。想想看，这 80 的由来何其荒谬。再者，既然有 80，那又为何不用 2×20（deux-vingts）表示 40，或 $2\times20+10$（deux-vingt-dix）表示 50 呢？古比利时人或瑞士人，利用最合逻辑的 septante、huitante（或 octante）和 nonante 来表示 70、80 和 90。而法语放着这样简单方便的计算方法不用，竟偏好古怪与稀奇。

可是，这种计数方式倒也不无道理。它需追溯到古代文明，那时的人们只需数到 20。乍一听，荒诞可笑！但实际上，它十分贴近生活，它基于 10 个手指和 10 个脚趾进行数字运算。您不妨扳扳手指、屈屈脚趾试试看。不少文明曾经用过或一直使用这样的方法，如阿基特可人、玛雅人、丹麦人、凯尔特人、巴斯克人等。古代文明仅剩的几个残存遗迹完好地嵌入到我们的计数法中，圣路易国王建造的位于巴黎的一家名为 les Quinze-Vingts 的医院就有约 300 个床位，真是了不起！

在前文中，我曾建议您对您买过的产品或享受的服务进行评分，最高分通常为 5 分。但按照惯例，我们究竟是如何给初中、高中学生们的学业进行评估呢（在分数消失之前，但这指日可待）？以 20 分为满分标准！是因为以 20 分为上限的痕迹烙在了我们集体的无意识中吗？当我们发现数字是社会基础组成的一部分时，这种猜测也十分自然。

基于"零"的社会

那么，"零"（zéro）的故事又如何呢？我们的数字"零"十分有趣，原因有两点。首先，从词源的角度看，它和单词 chiffre（数字）都来自于阿拉伯语 sifr（sifr 仿自梵文），意为"空的，零"。随后，它除了变化成 chiffre，还演变成中世纪的拉丁语 zephirum，后来进入意大利语，写成 zefiro，最后又由意大利语提炼成 zero，被法语采纳。直到 15 世纪，单词 chiffre 才取消了"零"的含义，并被限制于指代"数字符号"。

其次，从语法层面上讲，"零"是一个名词，因此，它需要进行配合使用，如 des zéros。它也可以用作形容词，但要注意的是，作为形容词时它不进行变化，如 Ils sont zero en orthographe（他们对词汇拼写一窍不通）。近来的一些用法将它作为数字限定词，用以代替 aucun、nul 这类词汇，如 J'ai rêvé que je faisais zéro faute à la dictée de Pivot（我梦到自己在毕佛听写比赛中没有出现任何错误）。为了迎合营销学的需要，这种表达法在法语广告语中十分典型。在这个充斥着卡路里、糖、脂肪的社会中，"零"多么让人期待！于是，人们发现身边的产品都标着"零蛋白""零酒精""零对羟基苯甲酸酶"，更不用说"零增长"或"零容忍"了。

如此，我们会看到一美国著名的汽水品牌的包装瓶上写着 zero sucres（零糖分）的字样。那么，问题来了：如果"零"是名词，那么它应该变化成 zéros sucres 才对。但它如果作为限定词，就会显得奇怪，甚至不怎么恰当。就让它保持不变吧：zéro sucres，可它所修饰的复数名词 sucres 和"零"的数量相矛盾，这种情况几乎不存在。最后的解决办法是，将它写成 zéro sucre，看上去更让人欢喜，因为它消灭了一切类型的"糖"。

或者，我们还可以采取回避策略：用一条诱人的包络线勾勒出一个魅力的圆圈，"0 sucres"。看，这就是我们霸道又庄严的数字的力量。

不可小觑的音符

——闭音符，开音符

闭音，开音，长音……"我们可不在乎，不就是些音符吗？完全不用理会。"我猜这该是您心底的声音吧。虽然这么想不完全错误，我们应始终保持严谨的态度。

现在，您试着读下面的几个句子：

Crete：Elle revient à la mode！

到底是什么正在流行呢，是旅行还是发型？是 Crète（克里特岛）还是 crête（头发）？

Manifestation：un gendarme **tue**．

这名警察是坐到了被告席，还是躺在了九泉之下？Tue（杀了别人）还是 tué（被杀）？

Les **pecheurs** ont été condamnés.

被定了罪，是因为没有遵循捕鱼的限度，还是因为犯了重罪？是 pêcheur（渔民）还是 pécheur（罪犯）？

Le Français **croit** de plus en plus.

法国人是越来越有信仰了，还是人数在不断增长？是 croit（信任）还是 croît（上涨）？

Le président veut réformer la SNCF：quelle **tache**！

总统是事务繁忙，还是遭到了铁路员工的强烈反对？是 tâche（任务）还是 tache（污点）？

这些微不足道的小符号（很多语言为了方便，将它们省去）还那么多余吗？

让我来给您讲个小故事。

曾经的历史里，有着一个理想的帝国及其完美的语言。在这门语言里，没有各类音符，怎么发音就怎么拼写，所以，那时的人们都享受着拼写带来的便利与福分。这门语言就是拉丁语。

而后来,"轰"的一声,帝国坍塌了(或者根据某些历史学家激烈的反对,他们认为是帝国深度变革了),曾将它的势力延伸到古世界边缘的拉丁语也随之消失。当然,这一过程并不是转瞬即逝的:拉丁语历经了好几个世纪后才逐渐瓦解,并同时分化成大量的方言,散落在欧洲各国。

欢乐的中世纪与悲凉的文艺复兴

现在我们将镜头后推,聚焦在法国诞生之前。我们谈到了源于拉丁语的所有罗曼方言,而它们的发音却受到邻近日耳曼语入侵的影响,与南部相比,北部受到的影响更深。这解释了卢瓦河以北的口音(人们会说"le r'nard attaqu' un' gentill' chèvr'")与其以南的口音(人们会说"le reunard attaqueu uneu genn'illeu chèvreu")的不同之处。

回到我们原先的话题上:中世纪时,曾有一段相对愉快的拼写时期(原因是很少人知道怎么书写);发音即拼写,所有的字母都得读出声来。于是,人们完全可以将 compter sur ses doigts(屈指计算)写成 conter sur ses dois。

到了文艺复兴以后,之前的欢乐世界荡然无存。不少语法学家、作家以及富有人文情怀的出版商扎进古老的素材里,想寻得蛛丝马迹,以弥补不同的罗曼语与古拉丁语母亲之间被割断的联系。正是后者,使词汇变得有迹可循,通过汲取自身与希腊语的元素再造了新词汇。单词 françois(读/françouè/)不仅镶嵌着洛可可式小巧玲珑的拼写,还夹杂着拉丁语学究痕迹的哑音字母。同样,如我们之前看到过的,我们曾将单词"写"读成/écrire/,但在当时,它写成 escripre,以纪念拉丁语 scribere;我们曾将单词"义务"写成 debvoir(拉丁语 debere),而其中的字母 b 不发音。再比如,弗兰索瓦·拉伯雷在《巨人传》中曾使用 faictz(现为 faits,原拉丁语为 factum)、hault(拉丁语为 altus)与 oysifve(现为 oisive)。请您尝试读读这来自 1533 年的论文题:Briefve Doctive pour deuement escripre selon la propriete du langaige francoys……您就能感受到一位不讲法语的人面对上述同"女士"或"先生"一样普遍的词汇时的痛苦与挣扎了。

您可能会问,这其中的音符又是如何演变的呢?法语词汇变化的最大缺点则是相比法语的发音系统,它的书写系统要落后好几个世纪。我们因此可以这么说:法语的书写法是保守派,而发音方式是激进派。更准确地说,由于拉丁语字母表早已无法满足需要,甚至与法语的语音系统格格不入而产生了诸多发音的别扭和困扰。因此,在随后的几个世纪里,法语与拉丁语的发音方式逐渐分离。然而,拉丁语的书写体系却从古罗马时期一直保留了下来,至今我们仍能从法语中找到这类词汇，这就解释了为什么同一个音素存在着好几种不同的书写方法。如，音素 s 可以写成七种形式：s（savoir）、ss（poisson）、sc（science）、c（cerise）、ç（glaçon）、t（libération），甚至 x（dix）。而对于鼻腔元音 $\tilde{\varepsilon}$，我们可以数出不下于 26 种书写形式。

印刷匠制造的符号

宝贵的闭音符和开音符到来了。拉丁语字母表里总共不过 21 个字母（外加 y 和 z，服务于由希腊语借来的词汇），而它们完全可以应付所有的发音。但症结就在此，专家们指出，古法语有约 50 个左右的"音素"（语言学家用该术语来表示各类不同的字母发音）。而面对仅有的 23 个字母（那时，j、v 和 w 尚不存在），我们该怎么做呢？如何书写出闭音 é、开音 è 和拉丁语中不存在的 u 音？

要解决这个问题，就得想法子创新。法语的书写方式在创造符号指代新的发音上十分受局限。此时，鼓声击响了，各类音符出场了！它们诞生于 16 世纪：闭音符约生于 1530 年，在罗伯特·艾蒂安纳的印刷厂里首次抛头露面；几年后，开音符也在同一地点降临，但它主要用于区别语法中的同音异义词。亲爱的读者们，若您家的孩子总是一味地混淆动词 avoir 的第三人称变位 a 和介词 à，趁着抓狂和绝望之际，您就可以逮住那个叫罗伯特·艾蒂安纳的罪魁祸首发泄您的满腔怒火。

那一时期产生了很多实用和持久的符号，它们在语言里掀起了一场革命，卷起了一股印刷式正字法（拼写法＋字体排印规则：大写、标点、字符间距等）的热浪：众所周知的三种音符（闭音符、开音符和长音符），以及软音符（ç，写在字母 c 下面的小 z，源于西班牙语），破折号和连字符（法语连字号"-"的两位祖先们），引号，分音符（用于分离元音的连读，如 caïer、traïr，随后演变为 cahier、trahir；naïf 则保持其形式不变），或长响音符（如 ō，21 世纪的学生们可能会倾向于在法语词汇听写中复兴这种音符，因为它免去了人们在闭音符和开音符之间选择的困难）。

起先，人们并未将闭音 é（如单词 mangé）和开音 è（如 chèvre）一刀切，它们仍藕断丝连，如 sécheresse、céleri、médecin、allégrement、crémerie、règlement 和动词réglementer。类似，伏尔泰也义无反顾地将开音符写成闭音符，如 accés、huitiéme 或 Eugéne！直到 18 世纪，音符的使用规则才逐渐确定下来，区分了闭音 é 和开音 è。而后，等到了 1878 年，-ège 词缀才得到承认：单词 collège 曾书写成 collége，《法语大词典》也曾将 manège 写成 manége（但我们读成/ma-nè-j/，虽然法兰西学士院运用的是闭音符）。您是否还记得，法语的拼写系统是保守派的。

至于那与 avènement 来自同一家族的有名的单词 événement，它的第二个闭音符却和一则印刷轶事有关：18世纪初，负责印制法兰西学士院词典的一名印刷工头，在印刷 evenement 单词时，发现厂房排字盘里没有开音符号了。因为缺乏这个印刷活字，他也没多想，顺手给第二个 e 盖了顶闭音符冠，而这顶冠一直延续至今！不过，您不必担心，所有的法语词典都已在几年前纳入了修订后的拼写形式 évènement。同样，也是由于印刷厂活字开音符的供给不足，闭音符才会出现在简单将来时中，如 je révélerai、je céderai。哎，不瞒您说，那名工头也太不敬业了。

疯狂的罗马人（与希腊人）

看到章节的题目，您不禁一声叹气，还得继续谈那些已绝迹或死亡的语言故事。正如一位担心惹恼我这个拉丁语及希腊语老师的家长，委婉而有分寸地表达了他的意愿：他不太希望自己的儿子选修拉丁语。多么微妙的说辞。

除了寥寥几位过时的学究先生或索邦大学零星的落伍学生，谁还会将拉丁语和希腊语技能写进自己的简历呢？虽然对我来说，那样的简历就好似没有听写训练的一天，枯燥乏味。但除了几句经典的拉丁语，如"活在当下"（Carpe diem）、"我来，我见，我征服"（Veni，vidi，vici）、"骰子已掷出"（Alea jacta est），可供晚餐酒桌上的五分钟闲谈之乐，或适合恺撒颁奖之夜的开场白或结束语，除了屹立着几根庄严肃穆的古石柱的斗兽场和圣贤堂——那些披着一层文化表皮的建筑——还能有幸成为您自拍的背景，在这超新技术横行的时代，人们还能有多少记忆和热爱留给古老的语言呢？

拉丁语的魔法与标记符号

倘若没有古老的语言，哈利·波特将陷于水深火热之中无法脱身。90%的魔法咒语都来自拉丁语。您想要黑暗来临吗？那就念"Nox"（它来源于拉丁语 nox 与 noctis，意为"夜晚"）。您想要敌人长出一副牙齿吗？那就念"Dentes augmento"（前者源于 dens 与 dentis，后者意为"增加"）。您想要断臂复原吗？那就念"Brachium emendo"（前者源自 brachium，意为"手臂"，后者是"修补"）。您想进霍格沃茨魔法学校吗？那您最好了解它的校训"Draco dormiens nunquam titillandus"（眠龙勿扰）。至于著名的魔咒"Spero Patronum"（同 Expecto Patronum，呼神护卫），前者直接形成于动词 spero，意为"期待"，后者改自 patronus（守护者），源于拉丁语 pater 与 patris，意为"神甫"(père)。

这不，想要成为一名魔法师，就得掌握拉丁语。

当然，拉丁语的魅力远不止这些：若您想从事广告业，一定需要学习拉丁语。这里，我不得不提及几个品牌名称（也不可避免会出现英语腔）。如，有种巧克力棒品牌用罗马战神玛斯 Mars 来命名，还有一种连锁酒店则以众神的使者——商业神墨丘利 Mercure 命名；Volvo，指"我开车"，我们能从单词 revolver 和 révolution 中找到词根；Audi，意为"听"，产生于德语 Horch 的文字游戏，该词是奥迪公司创始人 August Horch 的姓；Stella，指"星辰"；Magnum，意为"宏大"，当您买了盒梦龙冰淇淋 Magnum mini，您也同时花了同样的价格买下了这 100% 源于拉丁语的矛盾语[①]。而说到体育用品店 Asics，它是个首字母缩写词，完整的名称是 Anima Sana In Corpore Sano，意思是"健康的心智存于健康的身体中"。这座右铭改编自罗马的讽刺诗人尤文尼斯的格言警句 Mens sana in corpore sano，首字母可缩写成 Msics，但发音却不那么顺畅了。

让我们从营销魔咒中回来。古老的语言（我们已不再用"死亡"morte 一词修饰那些绝迹的语言，因为死亡会让人联想到尸体）遍布各国：大约 85% 的法语词汇和近 75% 的英语词汇都来自于拉丁语。Computare 衍生出了 conter（讲述）和 compter（计算），以及英语单词 computer。在 20 世纪 50 年代，一位法国工程师曾想用拉丁语形式的法语单词 ordinaire（源于拉丁语 ordo, ordinis，意为"纵列，良好的秩序"）来替代它。新词的创造并没有停下脚步：若您"午饭后"（postprandiale，post- 意为"后于"，prandium 意为"午饭"）想小睡会儿，那么就别"拖延"（procrastiner，pro- 意为"先于"，而 cras 意为"明天"）！好吧，这一切都太"难以理解"（capillotracté，其中 capillum 的意思是"头发"，而 tractum 是"抓、揪"的意思）。

有件奇闻逸事值得一提，它证明了拉丁语在生活中的重要性，包括命名：2018 年 6 月，马赛的一群鱼商们被警方录了口供，原因并非他们卖了不新鲜的鱼，而是违反了欧洲的管理条例，没有将售卖的鱼按照科学的方法用拉丁语进行标注。于是，本该贴着"scorpaena scrofa"（赤鲉）的货摊，被粗俗地标成了"rascasses"；本应写着"trachinus draco"（鲈鱼），被通俗的"grandes vives"取代了。若是没有这源自拉丁语的美味名称，您如何能准备一顿经典的马赛鱼汤呢？

看来，法语是拉丁语的一种独特变异。尽管如此，法语里依旧保留着一部分拉丁形式的词汇，比如我们采用不少维吉尔的语言。让我们仔细瞧瞧下面的这段文字：

A priori, nul besoin d'être un **as** pour apprendre le latin. Le moindre

---

[①] Magnum mini 是一对矛盾语，属于修辞中的"逆喻"，法语称为 oxymore。

olibrius-fût-il un **minus**-peut y arriver; un minimum d'efforts et un **maximum** de motivation sont les conditions **sine qua non** pour y parvenir.

Pourtant, si un **référendum** était organisé, il est **quasi** certain que le premier **quidam venu**, dans un beau **consensus** avec certains **médias**, mettrait **mordicus** son **veto** à l'enseignement des langue dites mortes (**alias** le grec et le latin) et donc bonnes à rejoindre les **détritus**. Mais parmi les **vivats** qui accueilleraient sans **ambages** cette décision, peut-être un **examen a posteriori** de la situation provoquerait-il **illico** un super **tollé** et rendrait-il plus d'un senior **furax**, voire proche de l'**infarctus** ou du **delirium tremens**!

Certes, on ne peut lancer aucun **ultimatum** en la matière (**idem** pour le grec), ni fixer **recta** aucun **quota** d'élèves qu'on enverrait **manu militari** à un tel **pensum**! En plus, certains **juniors** aiment mieux faire marcher leurs **biceps**, écouter meurs **albums** de musique, jouer aux jeux **vidéos** ou même, hélas, fumer du **cannabis**. Un élève qui aurait le **virus** du latin, ce serait un drôle de **spécimen** s'attirant les **quolibets**, non?

Pourtant, le latin est partout, et c'est là le **hic**. Même s'il vous semble inutile dans votre **cursus** universitaire ou sur votre **curriculum vitae**, il n'est pas qu'un **alibi** intellectuel: il est partout dans le français et **vice versa**: quand vous vous brossez les dents au-dessus du **lavabo** avec votre dentifrice au **fluor**; quand vous allez **gratis** en **bus** au boulot et que les **aléas** de la circulation vous font arriver au **terminus in extremis** pour assiste au **laïus** du chef; quand vous êtes premier **ex œquo** au **palmarès** du meilleur employé du mois; quand vous jouez aux dominos ou aux **rébus**, **et cœtera**.

Alors, **rétro**, le latin? Faites votre **mea culpa**: le latin, c'est le **nec plus ultra**!

您是否找出了充斥在我们日常交流中的拉丁形式的词汇呢？上段文字中的部分词汇有着惊人的源头。如，Olybrius（奥利布里乌斯），为罗马帝国的皇帝，于472年登基，仅仅在位四个月；tollé 是单词 tolle 的命令式，意为"起义"；alibi 是新词，意为"不在场"；而单词 terminus 则是罗马神话中捍卫边境的"界神"。

那么，古希腊语对后来的法语产生了什么影响呢？自19世纪（甚至更早），科学技术的飞跃致使数以千计的词汇从希腊语的母体里分娩。倘若柏拉图的语言占古法语的十成比例，那么还会有哪些科学术语与之无关呢？在以生产力为标准的前提下，希腊语已最大化地实现了词汇产出：近百个希腊语词根为各个学科（医学、科技、艺术等）提供了成千上万的术语。如，"偏头痛"（migraine，来自于 hemicrania，意为"半个头颅"）、"哲学"（philosophie，来自于 philosophia，意为"慧之爱"）、"化学"

(chimie,源于 khumeia,指的是"黑色魔法",化学家对其十分青睐)、"学校"(école,源于 skholê,意为"休闲、懒散",小学生们定会乐不可支)、"数学"(mathématique,源于 mathêma,意味"科学")、"历史"(histoire,意为"调查",源自一位希腊历史学家在 5 世纪之前写的一部著作名)。当然,还别忘了"语法"(grammaire,源于 grammatikê,意为"读与写的艺术"),以及"词汇学"(orthographe,前缀 ortho 来自 orthos,意为"正直,公正";后缀 graphe 源于 graphô,指"书写")。至于您周日下午看的"电影"(ciné)呢?它与 cinéma 一样,都来自于 cinématographe,指的是"动作的表达方式"。您在帝国大厦上的自拍"照片"(photos),是单词 photographie 的缩写,原意为"光亮的展现形式"。您每天欢心喜悦乘坐的"地铁"(métro)又从哪儿来?它是词汇简写与省略的组合:chemin de fer métropolitain(来源于 métropole,指的是"发源地")。

每年,都会有数十个新词不断地从希腊语中衍生出来,从最普通的日常用语到最专业的科学术语。如,"电动代步车"(gyropode,源于 guros,指"圆形",而 pode 意为"脚")、"食用昆虫"(entomophagie,前缀来源于 entomon,指"昆虫",后缀源于 phagein,意为"吃",它可是美食家的最爱)、"窃盗统治"(kleptocratie,前缀源于 kleptes,指"小偷",后缀来源于 kratos,意为"权力",政治家们对该词赞赏有加)、"接生员"(maieuticien,源于 maieuo,指"分娩",这个词也可指男性助产士)。最为荒唐离奇、出人意外的,要数 schoinopentaxophile 和 microtyrosemiophile 两类人了。您知道他们都从事什么行业吗?前者负责上吊绳的收集;后者负责小块奶酪包装标签的采集。"睾丸成形术"(orchidoclaste,前缀来自于 orkhis,指"睾丸",后缀源于 klastos,意为"破损的"),也许会让您神经紧绷,慌张失措。"便秘"一词(apopathodiaphulatophobie,其中的 apo,意为"远距离";pathos,指"痛苦";dia,意为"穿越";phulasso,意为"保留";phobos,指"恐惧"),会让您出现因排便不畅引起的些许焦虑。但愿您别在这已然繁杂的拼写上再添上您的"囤积癖"了(syllogomanie,源于 syllogos,指"囤积"),甚至故作庄严地宣布:"囤词汇于己用者,非我莫属。[①]"

[①] Les tas, c'est moi. 原句为 L'état, c'est moi. 意为"朕即国家",法王路易十四的名句。此处的 les tas 和 L'état 为同音异义词。

立于神话与词汇之间的希腊语

如今学拉丁语的学生在不断减少（的确让人悲伤①），那么对于古希腊的学者来说，能切身体验这苦难之旅的人则是少之又少。但一旦发现了哪怕一个异域字母，都将是一种无以言表的欢乐，更不用说暂未提到的那满载着喧嚣与愤怒、弑君与乱伦、悲凉与罪恶的希腊神话了：影视作品基本没有偏离古希腊神话故事，如电影《俄狄浦斯王》和《美狄亚》，就连《权力的游戏》也成了言情神话剧。词汇的金矿正等待着不畏艰难的神话探索者。"炼金术"（hermétique）来自于赫尔墨斯神（Hermès），随后演变为 alchimie（炼金术）一词。因此，hermétique 原先也指"炼金术"。从希腊爱神阿弗洛狄忒（Aphrodite）和埃洛斯（Eros），衍生出"春药"（aphrodisiaque）和"性欲"（érotique）；希腊药神阿斯克勒庇俄斯的两位女儿，健康女神海及娅（Hygie）和治愈女神潘娜茜（Panacée），皆在"卫生"（hygiène）和"万灵药"（panacée，一种广泛使用的药材）方面颇有造诣。潘（Pan）是掌管兽群的森林之神，在游经山间谷底时制造了奇怪的声响，撒播了"恐慌"（panique）。

人们常说，词源之乐和拼写之悦相辅相成。对部分源于希腊语的法语而言更是如此。正是在那儿，我们对世界的感知被彻底颠覆：单词"坟墓"（cimetière）来自于 koimeterion，指的是"人们睡觉的地方"——这种睡眠可以一直延续；人类的"尾骨"（coccyx）源于 kokkux，指的是"布谷鸟"，因为这根骨头形似布谷鸟的鸟喙。于是您饶有兴趣地坐定屁股。我很自信地预言，未来，您会对这个小东西另眼相看呢。"兰花"（orchidée）一词，源于希腊语"睾丸"（orkhidion），这层意思定会让您重新考虑兰花是否适合装点家居。

撇开以上这些花哨的来历不说，您至少能看出单词 coccyx 和 orchidée 古怪的书写方式。这是因为法语严格地保留了希腊语的书写规则。与意大利语或西班牙语不同，它们的书写风格遵循发音规律，如 fotografi、filosofia、teatro 等。希腊语字母表中的第 8 个字母 thêta（θ）衍生出了 théatre 中的 th；第 21 个字母 φ 衍生出了 ph，如 philosophie；第 20 个字母 υ 衍生出了 y，如单词 cynique（犬儒学派，玩世不恭者，来自于希腊语 kuôn，指"狗"）；第 22 个字母 χ 衍生出 ch，如 technique。最后，有些词汇的发音会在元音前（或小舌音 r 后）加上吸气或呼气，我们称之为"粗

---

① 举个来自民间词源的好玩的例子：单词 chagrin（骡子、马、驴等粗糙的外皮）在词源上和"痛苦"或"悲伤"等情感没有丝毫关联。它来自土耳其语 sagri（意为"动物的臀部"）。它词义的变更源于另一个和动物相关的源头：grigner（牙齿咬得嘎吱响）加 chat（猫）。

音",由此产生了几百个以 h 或 rh 开头的词,如 harmonie、hépatite、hiéroglyphe、horloge、hypothèse、rhinite、rhetorique、rhume 等。换言之,了解希腊语有助于您准确判断法语词汇的拼写。如,triptyque 和 tryptique,哪一个才是正确的拼写呢?这个名词来自于希腊语 ptukhos,指"褶皱",而希腊语的第 20 个字母衍生出了 y。因此,正确的拼写应为 triptyque。那么,"厌女症"是 misogyne、mysogyne 和 mysogine 中的哪一种拼写方法呢?在希腊语中,单词 miso(意为"我厌恶")里含有一个字母 i,gunô(意为"女性")含有一个希腊字母 υ,而 υ 衍生出了法语字母 y,所以正确书写方式为 misogyne[①]……

我们来做个小测验。看看下列句子里的单词是否书写的正确呢?它很可能会让您拼字游戏的分数暴涨呢!

Nous offrîmes à notre amphytrion des amarillys et un chrysobéryl.

Les relations entre la Syrie et la Libye sont moins idylliques que sibyllines.

Sisyphe a-t-il vécu des oarystis avec des nymphes callypiges, au risque d'attraper la siphylis?

我将不再为您提供答案,总不能每次都等着我来帮您解决问题吧。再说了,翻阅词典就如同扬帆于黑色笔墨的海洋之中,不正对您大有裨益吗?赶紧启程吧:您会发现爱情神话里(oaristys)耐人寻味的美感,金绿宝石(chrysobéryl)的典雅和臀圆(callipyges)婀娜的维纳斯的端庄。

读完了上面的这首"抒情诗"(dithyrambe,希腊语),又名为"颂歌"(panégyrique,亦为希腊语),您定会渴望沐浴在这古老语言的沸腾浴水中,直到"完全的满足"(ad libitum)。这便是拉丁语的魅力。

[①] 再举个语言里性别歧视的例子:我们都知道"厌恶女性"(misogyne)这一概念吧,为了与它对应,人们后来又创造了"厌恶男性"一词,单词是 misandre。但这个词您熟悉吗?不熟悉吧!

那些年我们犯过的错

——句法错误

在奇里乞亚(现在的土耳其西部)曾有一个叫"索里"的希腊城邦。"雅典人后来大量迁居该地,与原住民融为一体,并逐渐摒弃了交际过程中的礼貌谦辞,很快讲起了蛮族话"(《百科全书》,1751)。

这些可怜的原住民,受他们粗俗的方言牵连,于是产生了术语 solecisme,指的是一种语句上的错误。比如,例句 J'ai été de suite au médecin 就包含三个句法错误,应写为 Je suis allé tout de suite chez le médecin。

严格地说,这里并不涉及词汇拼写,但问题反而更加棘手。一般来说,词汇拼写的错误无法用耳朵听出,只能用眼睛识别。但句法错误,则听觉和视觉皆能辨别。像 deux sens sur cinq 这一相当可观的比例就需要经过眼与耳严峻的考验。结果是,它既刺眼又刺耳。就算您不是极端的语言纯洁者,也能感觉到难受吧。毕竟,每个人都会犯让自己恼火的错误,而我们还远非十全十美。我敢肯定,即使对于行事最有分寸的读者们而言,某些错误也会让您有抓住作者的脖子,将他开膛切腹、取其内脏的冲动。您此时心跳加剧、神情紧张。为了让您稳定情绪,把它发泄到下面的这两行空格中吧:

_____

_____

每当我听到了对方话语中的错误,即使我全身起了鸡皮疙瘩,但受社会礼节的约束,也能始终保持着宽容和温和的态度。我承认,有些时候自己也会犯这类错误,但每每在一本书、一则电报或一档电视节目,甚至在大街上遇到这类错误,我都会不由自主地将它们挑出来。

在日常生活中,我们永远都无法摆脱句法错误的困扰。语言好比石灰,遍布各个角落,附着在口语和写作中,一点点蚕食着词汇和语句,直至使其僵化。因此,我建议您用一瓶特效除垢剂：在所有高效的产品中，格勒维斯牌（Grevisse[①]，高端产品，稍稍贵点）、托马斯（Thomas[②]）、茹爱特（Jouette[③]）和吉罗代（Girodet[④]，去污垢，快准狠）都能将语言中的沉淀物迅速扫除干净。

为了让它们充分发挥效用，您首先得明确要对付的是哪种类型的石灰。

基石灰

这是种厚基石灰层，清晰可见，但难以彻底清除。如，Donne-moi pas 被修正后，改为 Ne me le donne pas。这种句法问题很常见，也能迅速被察觉。因该句为法语命令式，加上出现在否定句中，因此代词需要置于动词前。于是，Donne-le-moi 则要写成 Ne me le donne pas。

再举一个例子：Je me demande bien qu'est-ce qu'il fait et je sais pas où est-il，这句话里的句法错误也十分普遍，这是由于混淆了直接问句（Qu'est-ce qu'il fait? Où est-il?）和间接问句。一旦除去了污渍，这句话就正确了：Je me demande ce qu'il fait et où il est。

最后一种情况也越来越多见：un espèce d'idiot（一个蠢货）。单词 espèce 是阴性，因此要改为 une espèce d'idiot。对于这个错误，语言学家的解释不乏幽默：名词 espèce 在这里可以看作充当后面补语的陪衬，我们的大脑往往自然而然地跳过这一陪衬物，而注意到了后面补语的内容，于是 espèce 像是充当了副词被人们忽略。瞧，语言学家一语中的。

顽石灰

说白了，这种顽石灰的特征是棘手难除却又附庸风雅，常栖于肉眼不见的隐蔽角落。它包括四种最典型的句法错误。

Chérie, chérie！Je n'ai pas réussi à ravoir la baignoire, loin s'en faut！（这一

[①] 《法语语法的正确用法》，也称《格雷维斯词典》，莫里斯·格雷维斯著，德伯克出版社出版。

[②] 《法语疑难词典》，也称《托马斯词典》，阿道夫·托马斯著，拉鲁斯出版社出版。

[③] 《正字法词典》，也称《茹爱特词典》，安德烈·茹爱特著，罗伯特出版社出版。

[④] 《法语疑难解析》，也称《吉罗代词典》，让·吉罗代著，博尔达斯出版社出版。

看便知是丈夫做家务活儿)Loin s'en faut 是个非常时髦,但却极其荒谬的表达法。它将两个近义词词组混到了一块儿,一个是 loin de là,一个是 tant s'en faut。后者中的 s'en faut 的含义为"缺乏"。因此,tant s'en faut 就等于 tant manque,表示"如此缺乏"。在该句中,丈夫本想说 loin manque(远远不够),但 loin 这个词并不能作为主语,所以,怎么能说成是 loin s'en faut 呢?不仅句意不通,从语法上来说,也是错误的。

Cet été, mon homme et moi avons loué un modeste pied-à-terre de 200 mètres carrésen Avignon! Et vous, vous habitez toujours en Arles? 将 en 置于城市名之前是多么优雅,因为 à Avignon 由于发音不便而使人心生厌恶;此外,en Avignon 还外漆了一层高贵的陈腔旧调。只是,这层清漆里藏匿着石灰:介词 en 用于阴性的国名前,如 en France、en Algérie 或 en Haïti。的确,虽然阿维尼翁和阿尔勒曾经是国家,但那早成往事。因此,这两个城市名前需要用介词 à。不用理会什么元音连读,Il ira à Avignon 是唯一正确的表达方式。

Bel et bien、sûr et certain、sain et sauf、au fur et à mesure……这些日常用语已不再是纯粹为了加强语气的同义词叠加,它们完全纳入了现代语言中。再如 aujourd'hui,hui(来自拉丁语 hodie)原指"今天",因词组 au jour d'(在某一天)成了赘语的一种。当您听到人们用 au jour d'aujourd'hui 表达"在今天",它实际叠用了三次。这类词语在法语中比比皆是,当人们想巩固自己的权威或填充空洞的演讲时,信手就能拈来几个。从这个层面来看,它已然超出了同义词叠用的范围,这更像……用什么词好呢?我想,法语词典还未收录一个包含着"错误也能如此前瞻"的术语吧。

不知您是否也像我一样,只看有法语字幕的外国原版电视剧。是因为一身学究气,想让自己有一种精通外国语言的错觉吗?也许是的。但更因为在神经质的戏剧配音中时不时会跳出让我忍无可忍的错误:

Brandon, je suis ta sœur …

— Oh, Brenda, mon amour, ce n'est pas possible!

— Si, Brandon, et c'est de nous dont je veux te parler.

等一下,Brenda,你刚刚说什么来着?行,你和你哥哥除了维持着一段乱伦的恋情,你,或者说是译者或配音员,还犯了一个可怕的句法错误:关系代词 dont 指代 duquel / de la quelle,也就意味着 dont 本身已包含了 de,因此 nous 之前不需要再次使用 de。有几种改正的方法:您既可以说 c'est de nous que je veux parler,也可以说 c'est nous dont je veux parler。这类错误虽普遍,但原始出发点是美好的:正是因为人们常听到诸如 c'est ça que je parle,或 c'est ça que j'ai besoin 这类句子,所以人们说话时反应过度,以至于超出语法规则,将 dont 滥用于各种情况。

说到底，一句话：除了 VO 频道的电视剧，其他的都不要看。这样，您可以致力于字幕里的词汇错误！当然，还有更好的选择：关了电视，拿本好书读一读。

感染型石灰

最难遏制的要数具有感染性的石灰层了。这种石灰一旦在某处沉积下来，便开始四处蔓延和扩张。动词 remédier（医治）不是需要和介词 à 搭配使用吗？于是，动词 pallier（缓和、减轻）后面也跟着个 à，但这是错误的：我们说 on pallie quelque chose。更精确地说，动词 pallier 几乎不是 remédier 的同义词。前者的原意为在某物上"铺一层幔子"（由拉丁语 pallium 演变而来），后来衍生为"遮藏或隐瞒于一层虚伪的面纱下"，如 L'excellence des sentiments palliait les défaillances oratoires（《伪币制造者》，安德烈·纪德）。可以看出，动词 remédier 从词语搭配和词义两个方面影响了动词 pallier 的使用。

其他无症状的感染往往逃过了视线，比如单词 perquisitionner（搜查），就一定受 fouiller（搜寻）的影响。我们不能说 on ne perquisitionne pas le domicile d'un ministre，而应说 au domicile；单词 commencer 无疑影响了 débuter。我们不能说 on ne débute pas quelque chose，而应是 quelque chose débute，如 la réunion a débuté en retard，就不能写成 ils ont débuté la reunion en retard；词组 loucher sur（垂涎）感染了单词 lorgner（觊觎），我们不说 on ne lorgne pas sur l'héritage de Tata Jeannette，而应说 on lorgne son heritage。至于常被人们忽略的 postuler（申请）一词，我们不会去"为一个工作申请"（postuler à / pour un emploi），而直接讲"申请一个职位"（postuler un emploi）。

最突出的例子，要数单词 se rappeler（忆起，想起）。和动词 rappeler 一样，se rappeler 后不需要加任何介词，如句子 Je me rappelle mes vacances。而受 se souvenir de（想起）的影响，se rappeler 后经常会被画蛇添足般地加上一个 de，想要摆脱这样的表达却不是那么容易。

来做个小练习。请您将下列语句里的 se souvenir 全部替换成 se rappeler：

Ses vacances, s'en souvient-il?
Ces règles de grammaire, souviens-t'en!
Cette faute, souvenons-nous-en!

替换起来是否顺畅自然？您的语感肯定比我好（这点我从不怀疑）。但为了确保您做得准确，我将答案公布如下：

Ses vacances, se les rappelle-t-il?
Ces règles de grammaire, rappelle-les-toi!
Cette faute, rappelons-la-nous!

未来，倘若您发现浴缸的水龙头上藏着一块石灰垢，别忘了取出格勒维斯牌除垢剂。说不定，这其中还藏着一个句法错误呢！

Malgré qu'on me dise le contraire, je sais que je suis bon en français.

听到这个句子，一阵寒战让您汗毛竖立，完全不亚于您在新年一头扎进北海的那股刺激和爽快吧！

这再正常不过了。语法学家们一直憎恨 malgré que 引发的句法错误，并建议甚至命令用词组 bien que 或 quoique 取代它。然而，不少作家依旧采用这种表达，如普鲁斯特的小说《盖尔芒特家那边》，里头就有这么一句：

Celle que nous pressons, dont nous soupçonnons qu'elle est sur le point de nous trahir, c'est la vie elle-même, et malgré que nous ne la sentions plus la même, nous croyons en core en elle, nous demeurons en tout cas dans le doute jusqu'au jour qu'elle nous a enfin abandonnés.（她本身就是生活。我们追问她，怀疑她要背叛我们，尽管我们能感到她变了心，但依旧相信她。我们就这样一直处于疑惑中直到她将我们彻底抛弃的那日。）

相反，该词组的一种固定用法不仅已被认可，还兼具典雅与文学性，它是 malgré que j'en aie(que tu en aies, qu'il en ait ...)，意义为"非心甘情愿"或"不得已"。我们可以将单词 malgré 拆分成 mal 和 gré，因为它主要涉及名词 gré(意愿)。这样，它就变成了 mal gré que j'en aie，即 le mauvais gré que j'en aie。这是个非常别致的语言表达，尤其当您在它后面加上个虚拟式未完成过去时，像这样：

... et néanmoins inquiet encore malgré que j'en eusse, de concilier les perfections de cette adorable fille avec l'indignité de son état.（我感到不安，要把那位可爱的姑娘完美的容貌与她卑微的身份地位对等起来，我心里是一百个不愿意。摘自让·雅克·卢梭的《忏悔录》）

因为怕被人误解为是处骇人的句法错误，我则尽量避免使用它。要知道，句法错误可是会被同行劈头盖脸地骂一顿的。

常见疑难解答（二）

"哎，不想看了。这本书的措辞再怎么有说服力，看着也觉得累。"

上句话里的"累"和"有说服力"到底是哪种拼写方式呢？Fatigant 还是 fatiguant，convaincant 还是 convainquant？

相信您在进行动词变位的时候，对每个动词的词根是有一定把握的。在 fatiguer 的第一人称单复数变位的词根里（nous fatiguons，je fatiguais），我们发现字母 u 被当作了宝贝保留了下来。所以，当有字母 u 出现的时候，它一定是动词，或者我们称它为现在分词。如：Les élèves fatiguant le prof, il pique un roupillon en pleine interrogation.（学生们的发问让老师疲惫不堪，他不禁打了个盹。）

另一种形式是去掉了字母 u 之后的形容词。Fatigant 既为形容词，则需要和它修饰的名词进行性数配合，如 Les élèves de ce prof sont fatigants.（这位老师的学生们很疲惫。）

若您仍有疑问，尝试在 fatig(u)ant 前面加一个副词 très，看是否行得通。如 Les élèves de ce prof sont très fatigants，这样完全可以！但我们不能这样说：Les élèves très fatiguant le prof, il pique un roupillon en pleine interrogation，这个句子的语法不正确。

同样，我们还有 intrigant、navigant、zigzagant。如，Le personnel Navigant est très intrigant.（航海人员的鬼点子真多。）

这个现象还能推而广之于-c-/-que-字母组合上。如，En communiquant et en provoquant, il s'est montré très convaincant.（又是渲染又是激励，他的言语显得极具说服力。）再如，Convainquant son auditoire, ce communicant est assez provocant.（这名沟通员说服听众的言语具有很强的煽动性。）

证毕。

触碰到要害了！

——同音异形词

十几年前，那时我还年轻。但您要相信，我有比活了一千年更久的记忆[①]，那是因为我在一名学生的文章中发现了这句话：Le voilier est entré dans le porc（帆船驶入了猪肉里）。这里的 porc 很显然不妥，但为了避免讲解的老套乏味，我立刻决定让全班同学每人画幅画，以传达这个句子的含义。我收集回的水彩画歪歪扭扭，剩余的那一丝尊严制止我在此展现他们的"杰作"，但我向您保证，它们简直让我乐不可支。

Porc、port、pore……ver、vers、vert、verre、vair……sain、saint、sein、ceint、cinq……air、aire、ère、erre、ers、hère、haine……法语同音异形词的单词表连绵不断，甚至堪称法语里的一大特色：发音一致而意义不同的同音异义词（homophone），和书写一致而意义不同的同形异义词（homographe）在法语里数不胜数。J'aime les **avocats** bien mûrs（我喜欢熟透了的牛油果。avocat，同形异义词，既作牛油果，亦为律师），像这类的坦白从未被掷去茫然或斥责的目光。

同音异形现象往往在人们不经意间冒出来。教历史、地理的同事们常常在一些文件杂志里找到如 les pays d'oxydant（oxydant 与 occident 为一组同音异形词）的字眼，由此引发我们对渐渐腐蚀的人类文明与经济的思考。

同音异形词指的是有着同样发音方式的词类统称。在这些词中，又分为同音异义词（ver、vers、vert、verre、vair）和同形异义词（vers 8 heures, un vers de Baudelaire）。让我们来看一个有趣的文字游戏，并尝试区分哪些是同形异义词，哪些是同音异义词：

Je vais **poster** ton **poster**!　　　　　　　　我去邮寄一张海报。
Ce petit verre de **punch** m'a donné du **punch**.　这一小瓶果汁让我精神抖擞。

[①] J'ai plus de souvenirs que si j'avais mille ans.

Dans ton jeu, tu **as** un **as**.	在你那套游戏规则里,你占优势。
Ce pays **est** à l'**est**.	这个国家位于东部。
Il veut **boxer** en **boxer**.	他想穿着短裤进行拳击比赛。
Nous **notions** des **notions**.	我们记下了概念。
Il est difficile de **supporter** certains **supporters**.	他很难忍受某些拥护者。
Il nous a transmis **exprès** cet envoi **exprès**.	他特地向我们邮寄了这份快递。
Son **fils** s'est fait retirer les **fils**.	他的儿子找别人帮忙拆线。
Je **bus** mon café dans le **bus**.	我在公交上喝咖啡。

再举一个广为知晓的例句:Les poules du couvent couvent(修道院里的母鸡在孵蛋)。

这倒使我们理性地思考同音异形词、同音异义词、同形异义词存在的意义,它们像神圣的三位一体,主持着词汇里庄严肃穆的弥撒仪式——神圣的听写。请为我们这些弱小的词汇殉道者们祈祷吧!

我们不妨大胆地做几个猜测。

正如之前提到的,法国人是带有日耳曼语言习惯的拉丁人,这得感谢中世纪的地理政治,它们的作用功不可没。法语也一样:一层相当厚实的拉丁语基层,中间夹杂着大块法兰克语,尤其是北部地区,原属君主专政所在地,使法兰克语得以传播全法。它的发音方式也在词汇中留下了痕迹:不少非重读音节连根带叶地彻底消失殆尽(法语中,用动词 s'amuïr 表示"不再发音"),这就解释了拉丁语里所有以 a 结尾的阴性名词全部演变成了 e 这一现象,如 rosa→rose,femina→femme,fenestra→fenêtre,等;但这个 a 却在意大利语和西班牙语中保存了下来。这种"尾音损耗"现象,使得法语在重音法和语言学上享有和拉丁语系的其他语言不一样的地位:法语是唯一一个将重音放在单词最后的音节或置于一句话最后一个单词上的语言(不信,您尝试着将重音放在倒数第二个音节上读读看:J'aime l'orthographe française,别人还以为您是意大利人呢!)。

在中世纪时,人们身边出现了众多的同音异义词和同形异义词。原因是那个时期的词汇拼写方法或多或少遵循发音规则。比如,单词 doigt(指头),原先写成 doi(随后衍生出 dé à coudre,意为"顶针"),由拉丁词 digitum 经过自然的演变而来。这貌似并没有产生太多困扰:那时的词汇书写只是文人阶层的专属。

但从文艺复兴开始,各派语法研究者和专家学者们便自鸣得意起地利用拉丁语和希腊语的词源来鉴别成百上千个同音异形词。我们于是从拉丁语 digitus(数字)中,选取了字母 g 和 t 加到了自己的小指头里(doigt)。那么,我们如何解释 vin(红酒)和数字二十(vingt)之间错综复杂的关系呢?拉丁语 viginti(二十)再次提供了字母 g 和 t,将"红酒"变成了"二十"。

于是,法语中时常会出现两组、三组、四组(甚至更多,按词汇关联度而定)同音异形异义词。有时，这类词汇的形成十分随意，如从拉丁语 fundus（基地）产生了法语单词 fond，意为"某物的底部"。正如人们总爱拿"不朽者"（les immortels，指法兰西学士院的院士们）的作品打趣，法兰西学士院出版的《法语大词典》于 1694 年将前文提到的 fond 和 fonds（意为"财产、地产、资金"）区分开，如国际货币基金（le Fonds monétaire international）、博物馆藏品（le fonds d'une bibliothèque），后者虽多了一个 s，可这两个词明明有着同一词源。在莫里哀的戏剧里，人们对 fond 和 fonds 的解读存在着不确定性。比如，在他的喜剧《唐璜》中，他写道："您有着令人羡慕的体质。"（Vous avez un fonds de santé admirable.）那么今天，这里到底该写成 fond 还是 fonds，我们无从得知。同样，通俗拉丁语 bataculare（张口）不仅衍生出了动词 béer，还产生了两个难以区分的竞争者：bâiller（打哈欠）和 bayer（张口）。何不删掉一个，简单又省力。不，语法学家们最终推广了 bâiller 的书写方式，含义为"张嘴呼吸"，而仅留着 bayer 来表达"目瞪口呆"（bayer aux corneilles）。他们似乎能预见，在未来的全法听写比赛中，定会出现这类狡黠的词汇拼写题。

我们都说，同音异形词的由来十分随意，但更糟糕的还在后头。我们不得不这么想，语法研究者们并没有完全将语法学到家，其本职工作只进行了一半，以至于部分同音异形词中含有错误的拼写。如，单词 poids（重量），源于拉丁语 pensum（由 pendere 而来，意为"悬挂"，后衍生出动词 peser，意为"称重"）。随后，它又悄悄然地书写成了 pois（阳性词，蔬菜的一种，源于拉丁语 pisum，意为"野豌豆"），甚至是 pois（阴性词，现写成 poix，来自拉丁语 pix，意为"松脂"）的同音异义词。然而，从 16 世纪开始，语法学家们便认为 pois 源于拉丁语的 pondus（重量），随即错误地为其加上了 -ds 词缀，变成了如今的法语单词 poids。值得庆幸的是，他们将该词和 pois（豌豆）以及 poix（松脂）区分开了（后者原本也带着 x）。所以，poids 一词中含有错误的拼写，而这个错误延续了将近四百年。

倘若我们能用"本质"（fond）来代表法语词汇拼写里的关键因素，那么它应是一种"为眼而生"的词汇拼写规则。它并不旨在由词汇书写产生一种发音——毕竟，这是词汇最起码的作用——而是致力于让人们能够迅速获取词汇和领会该词的书写所代表的含义。从这个意义上讲，那些由不同书写形式所区分开的成百上千个同音异形词成了词汇拼写的法宝（"为眼而生"，更是为了锻炼大脑）。也正是这个原因，从 16 世纪早期开始，语法学家们便分离出不少同音异形词，如 a 与 à，ou 与 où，la 与 là，notre 与 nôtre，等。

尾音损耗，词汇"剽窃"（于拉丁语），书写与口语体系大相径庭，它们都呆在各自的角落里干着自己的事……这一切最终汇聚成了充斥着乌烟瘴气的同音异形词的法语。我用了打谜语的方式列了几个例子，您瞧瞧看，哪种书写方式是正确的呢？

faire bonne chair/chère

par **acquis**/**acquit** de conscience

une **balade**/**ballade** en mer

je suis **censé**/**cense** être bon en orthographe

à **cor** et à cri/à **corps** et à cri

un livre posé **sur** champ/**sur** chant

en mon **for**/**fort** intérieur

les **prémices**/**prémisses** du printemps

les **satires**/**satyres** de Voltaire

le maître de **céans**/**séant**

答案：faire bonne **chère**, par **acquit** de conscience, une **balade** en mer, je suis **censé** être bon en orthographe, un livre pose **sur chant**, à cor et à cri, en mon **for** intérieur, les **prémices** du printemps, les **satires** de Voltaire, le maître de **céans**。

双 手 合 十

——复数

"不就是变个复数,在词尾加个 s!何必为此惊扰一个语法学家?咱有这种变法,还有那种变法……呀,我给忘了,还有个例外呢!"

瞧,您已经完全了解了名词复数变化的形式了:既有 s,也有特例(il y a aussi ...)。

这就是法语里的"魔法"(不少人称"il y a aussi ..."为"黑色魔法")。人们从不曾满足于一种明明白白的真相:法语里,总有那些追加的条条框框,侵蚀着基础的语法规则。这好比合同里那些酸不溜秋的细小条款每每逃过我们的视线,直到人类发现被愚弄后,它才露出马尾:"哎呀,糟糕!我怎么就没看到呢?"法语,和这似乎十分类似。

法语词汇的性数配合里往往涉及复数形式。

是时候克制一下我们的热情了:这个标志性的 s 运用于近 99% 的词汇。就像顾客对市场上大多数商品的价格都能心里有数一样,这里的 99% 就是这么个心理数。但我们还需要更进一步的观察和更精准的数据才能证实这一比例。不管怎样,即使它不发音,即使人们写作时也往往因忽略它而提前停笔,但 s 形式的复数随处可见。不得不说,我们并没有出生在美好的时代,至少从词汇拼写的角度来看是这样。但我们也没有错过"能多益"(Nutella)、无袋真空吸尘器和接连不断的新闻频道。在中世纪,所有的字母都需要发音,甚至小学生们都无法忘却这个有着 s 的复数。您肯定要说,那个时候哪有什么小学生呀!但话又说回来,倘若所有的复数都像费南代尔口中的 moutonsss 一样发音,那该是多么接地气。

比犯人还多的受害者

最愚蠢的问题实则是最明智的问题。人们不禁反问这如此令人不悦、无声胜有声的 s 从何而来。我得再次借助这万能的答案：拉丁语。在恺撒时期的拉丁语中，每个名词都会根据其在句中的作用进行变化。如同一个演员，在角色变换的同时也相应地调整戏服以满足电影拍摄的需要。当一个名词扮演一个罪犯角色时，它需要一套服装；当它扮演一个受害者角色时，它需要另一套服装；而当它扮演一个目击者、嫌疑犯或隔壁邻居家厨房里的一只狗时，它的服装又会不一样。正是这个道理，在句子 asinus asinum fricat（傻瓜捧傻瓜）里，单词 asinus（âne 驴）成了 asinum；在 une attaque ad hominem（诉诸人身，思维谬误的一种）的搭配中，homo sapiens（人类）变成了 hominem。

每个古罗马人都拥有一个十分精致的衣柜，里面一直挂着拉丁语学家们的噩梦[①]。简言之，在上述三种角色里，最常见的是扮演受害者的词汇服饰。在数的变化中，这一角色总穿着同一件戏服 s，如 rosa、dominos。但也有特例：古法语小心翼翼地保留了从古罗马沿袭下来的"几套服装"。于是，我们的每一个名词均扮演两种不同的角色：施事的"罪犯"和负伤的"受害者"。如人们曾道："天哪，这墙面怎么这么脏！"（Oh, la vache, qu'est-ce que li murs est sale!）但人们会说："桂妮薇儿这淫妇又翻墙私会兰斯洛特去了。"（Cette coquine de Guenièvre a encore fait **le mur** pour rejoindre Lancelot.）

对于某些词，我们会彻底更换其服装，而这前后两者都在法语中保留了下来。比如 sire 和 seigneur，源于拉丁语 senior（意为"年迈，年代相当久远的"[②]），copain 和 compagnon（原意为"能分担痛苦的人"），gars 和 garçon，甚至是 on 和 homme。

词汇中的"罪犯"要比"受害者"少得多。而且，当人们逐渐懒于打理这些表面的服饰时，按照语法规则，单数和复数的区别就差一个 s。

请对这些受害者们抱有一丝怜悯，想想这如毒蛇般的"嘶嘶声"贯穿着我们的

---

① 但恺撒、西塞罗或奥维德只能算小玩家，芬兰人有不下 15 件"戏装"，巴斯特人更多，17 件。这些戏装全是为了满足语言需求所定制的，有着动听的名称，如 inessif（内格，动作发生的地点）、allatif（出格，从动作发生地出去），comitatif（伴随格，相当于法语 avec）或 bénéfactif（受惠格，语义为"一受惠于某个过程的事物"）等。若您游览了巴斯克地区，不要只顾着尝埃斯佩莱特的红椒，买红椒海鲜酱（le ttoro）和红椒牛肉酱（l'axoa），也要学会品尝它醇香多汁的语法。

② 法语的称呼 monsieur（西班牙语为 senor，英语为 sir）也由 senior 进一步演化而来。下一次，您对着一位行政官说"monsieur"（即使他还未上年纪），从词源上看，您是在叫"我的老兄"。

文章，可别忘了它。

打一个字谜：法语里，哪一个词的单复数同形而异音？这个词是 os：un os（"一块骨头"，读/oss/），des os（读/ô/，除了专有名词 un sac d'os "一个裹尸袋"）。

复数的双重性

法语里有些名词和形容词拥有两种复数形式。

有些词的两种复数只是形式上的区别（字典对这类形式的取舍也各执一词），比如 idéals/idéaux, animals/animaux, boréals/boréaux, causals/causaux, glacials/glaciaux, jovials/joviaux, pascal/pascaux 等。

一小部分名词仅有一种常用的复数形式，但另一种复数会出现在固定的表达法中。如"山谷"的复数为 des vals，但在固定用法"翻山越岭"中（par monts et par vaux），要用 vaux；"檀香木"的复数为 des santals，但药店里售卖的"三檀粉"就须写成 la poudre des trois santaux。

还有一类词的两种复数形式含义不相同，如：

- des ciels，指代真实的天空，而 des cieux 则用于诗歌或宗教，有时还起强调作用。它常在这类表达中使用：sous d'autres cieux（典雅用法，表示"在异国的天空下"），mon Père qui es aux cieux（我们在天上的父），le royaume des cieux（天国王朝）。

- des travaux 是常用的复数形式〔也可以表示职业，如 il a exercé plusieurs travaux dans sa carrière（他这辈子从事了好几种职业）〕，而 travails 现指铁匠用来打马蹄铁和饲养马儿的工具，而它的词源是拉丁语单词 tripalium，意为"用三根木桩组成的火刑柱"，是古代用于施加酷刑的工具。"工作"(le travail) 也是一种受难与折磨，正如乔治库特林所描述的："人不是为了工作而生，因为工作只会使他受苦。"

- des yeux 是 œil（眼睛）不规则但十分常见的复数形式，而 des œils 用来表示技术层面的"洞眼""张孔"（如针眼或舞台幕布的扣环）；在印刷领域指代突出的铅字字面。此外，它还出现在组合名词里，

> 如 des œils-de-bœuf、des œils-de-chat、des œils-de-paon、des œils-de-perdrix、des œils-de-pie，等。
> - 至于形容词 banal，它的复数为 banals，而 banaux 指代在封建主的封地，如 des fonrs banaux 和 des moulins banaux（封建时代交付使用费后方可使用的窑炉、磨坊）。

马儿马儿有几只

一旦决定了 s 的命运，接下来就只剩这"十字架"x 的故事了，它是部分词汇的附属词缀。

这其中有七个带-ou 的词汇极为出名，其名气甚至盖过了七个小矮人。它们是：bijoux、cailloux、choux、genoux、hiboux、joujoux 和 poux。试问哪个法国小学生会不知道这反复弹唱的老调？即便如今，菜谱或蔬菜摊上 du choux 的字样也很常见。这是个明显矫枉过正的例子。正因为想不断磨砺某些语言规则和被指责犯了某些语法错误，人们于是过度运用了这本不该应用的规则。

不妨再举几个例子，如含有-eau 的单词，des bateaux、des gâteaux；含有-eu 的单词，如 des jeux、des aveux；含有-au 的单词，如 des joyaux、des tuyaux；含有-ail 的单词，如 des coraux、des baux；当然，还包括含有-al 的单词，如 des journaux、des chevaux。

试想这样一种场景：在您阅读书刊杂志（journals）时，您的孩子非闹着想去观马（chevals），于是您严厉地斥责了他。您错了：这错误可不是他犯的，他这么说反而相当符合逻辑，而您恰恰应当去瞧瞧他的年龄。事实上，他很可能出生于 12 世纪以前，比您更早地来到这个世界：那会儿，人们的确说 des chevals（发音类似于/tchevalss/）。接着，阿布拉卡达布拉，咒语开始生效了：因一阵子松懈后，舌尖不再和上颚接触，百姓和君王从此也都用 chevaus（读/tchevaos/）。

这种现象遍布字典的各个角落。如 autre（源于拉丁语 alterum）、chaud（源于 caldum）、couteau（源于 cultellus）、il vaut［源于 de val(e)t］，甚至缩合冠词 au（来自 al + 辅音）等。因以-us 结尾的词汇在古代手稿中频繁出现，于是，那些懒惰的牧师和抄写员们创造了一种简易的符号 x，以便代替-us。这样一来，chevaus 便书写成 chevax，但依然遵循/tchevaos/的发音。光阴荏苒，时光飞逝，这种发音逐渐变为/chevô/（二合元音"ao"简化为"o"，词缀 x 也成了哑辅音），后来的人们也不再能理解这样的发音如何对应上 chevax 这样的书写。管它三七二十一，那些有记忆障碍的抄写懒汉们又将 u 安插到了其中，最终形成了今天的 chevaux。所以，倘若您还跟得上我叙述的脚步的话，当我们写 chevaux 时，u 其实出现了两次：一次是后来加上的 u 本身，另一次是藏身于 x 之中。同时，正是这个现象解释了第三组动词变位里的死亡三重奏：Je veux-je peux-je vaux①。让人欣慰的是，在部分词汇中，为了体现词源或为增加词汇的辨识度，字母 l 再一次登上拼写的舞台，如出现在单词 moult（古法语为 mout，源于拉丁语 multum）和大量的专有名词中，像 Thibault、Renault、Foucault、Herault 等。而这至尊者，非"大蒜"（ail）莫属。据《罗贝尔词典》显示，它曾用的复数形式为 aulx，而其中的 u 则出现了三次，分别为 u 本身、字母 l 和藏匿于 x 中。大蒜们的辛辣味可真是久久不得散去。

那么，像 carnavals、bals、cérémonials、festivals、régals 这些词的复数形式为何不以 -aux 结尾呢？答案很简单，它们都是在字母 l 变成 u 之后被创造或借来的词汇，因而如此的平庸无趣。

倘若下一次您那位小子傲慢地无视语言规则，仍执迷于 chevals，您深谙它的来龙去脉，便知他也不无道理。但请您保持沉默：学会收敛一丝家长的权威和优越感。

---

① 若想再凑个四重奏，那么，早已过时的表达法 je faux（动词 faillir 第一人称变位）应是这第四重奏，如我们可以说"Diantre! Si je faux à ma mission, il m'en cuira."（糟了！若我把事情搞砸了，他非煮了我不成。）

回忆的声音[①]

——长音符

注意！又一种濒危动物正走向灭亡：它是一只颠倒过来的海鸥(chroicocephalus circumflexus)。

这种存在了四百年的小鸟，现已越来越少见了。因语言猎人无情地追捕，它们只得藏身于零星的几处有明确分界线的保护区内。过去，它们随处可见，骄傲地立在元音字母 a、e、i、o、u 的枝头，仗着它那优雅高贵的审判权，主宰着一切。在崭新拱顶(voûtes fraîches)的回廊(cloîtres)里可以瞧见它们的身影，在被 8 月(août)的骄阳烤得滚烫的岛上(îles brûlées)，也能看到正品尝(goûtait)着牡蛎晚餐(huîtres pour le dîner)的它们。

到底是 ci-gît 还是 ci-git？

自 1990 年的词汇修订后，以下所有的词汇都可以省去长音符，它们是：cloitre、voute、fraiche、ile、bruler、aout、gouter、huitre、diner，等。尝试写几个瞧瞧。然而，我总觉着别扭：这么写，仿佛一丝不挂，毫无体面可言。于是，我在这纸张的白色天空上又绘上了那小巧精致的海鸥翅膀。

在此长眠写成 ci-gît 对吗？不，应是 ci-git。其实不然。长音符虽很快成了 1990 年词汇改革中的一个标志(icône，一个没有长音符的标志还能算标志吗)，但

[①] 允许我用这么精致的表达作为这同样精致的章节的标题，它讲述着长音符的历史故事和不幸遭遇，正如贝尔纳·赛尔吉里尼的那本《记忆的声音》(午夜出版社，1995)。该书作者是位狡黠的语言学家，卓越的语言推广者才华出众。那么，用这样的标题算是抄袭吗？不，是敬重。

它也没有完全被埋没,即使推广改革的先锋们确有此意。这好比那些修拉派的书法家们,一步步地勾勒,深谙一次性到位的改革往往会引发词汇的争论。他们无法直击长音符,因它深深影响着词汇的书写和发音,便保留了 a、e、o 上的长音符。"一傻子"(l'âne),实实在在的冥顽不灵,则依然保持着头上的这顶帽子,里面的 â 和 a 理论上意义不同。现在的法国人已不再会从语音层面区分"面饼"(pâtes à la Carbonara,培根蛋面)和"爪子"(pattes du poulet,鸡爪)。但从美食角度考虑,可得区分得明明白白,这刺激着我们的厨艺神经呢。不妨去比利时邻居家走一遭,但您可千万别点那道"鸡爪",否则那端上来的盘子里的"面条"很有可能会让您大吃一惊。插一段读音小测试:读 patte 时,张口发 a,就像您平时发任何一个元音 a,如 abracadabra;读 pâtes 时,轻轻拢圆上下唇,有发元音 o 的趋势,随即停下。感受到不同了吗?这个 a 的发音位置在软腭的后方。瞧,这下您即使游遍比利时,也不用担心会闹出语言的笑话了。

同样,o 上的长音符也幸免于难,因它的闭合式发音和开放式发音截然不同。这样,人称代词 notre 与主有代词 le nôtre 便能区分开了。我们也不再摘去 e 上的长音符,即使人们本可以毫不费力地将它替换成重音符。这样,人们往往会在下列几组词汇的拼写中产生疑惑:flèche 还是 flêche,chèvre 还是 chêvre,crèche 还是 crêche,crêpe 还是 crèpe?

虽然您目前只能省略元音 i 和 u 上的长音符,但您不觉着这样写 ile,会使它丧失曾经的神秘感吗?去掉了长音符的 piqure(蚊虫的叮咬)也不再能表现得如针扎那样刺痛。"深渊"(abime)不再深不可测,"灼伤"(brulure)不再疾苦难耐?这些美学上的理由带着主观性,但谁又能说词汇学不能或不应融入美学因素呢?通常,人们在心理上会犯一种典型的错误,比如单词 tache(污点),若被赐予一个长音符,岂不是显得更加肮脏污秽吗?

此外,改革人士没有摘除用于区分同音异义词上的长音符。否则,我们将很有可能混淆"准备进行短时斋戒"(faire un petit jeûne)和"充当一位瘦小的年轻人"(se faire un petit jeune);倘若我们已"长大"(croît),说明我们只是长高了个子,而非更加的虔诚(croit);虔诚者怕是更愿意选择河边"垂钓"(pêcher)而避开罪孽(pécher);您又撞见了一个"恼人的外乡人"(colon irrité)和您又患上了"结肠炎"(côlon irrité),哪种意思更让人尴尬难堪?

承担语法作用(此处指动词变位)的长音符也被保留了下来。如果是为了改动词汇书写,我们毫无异议;但要亵渎神圣的法语语法,则绝无门路!您大可继续这样书写简单过去式:nous naquîme、vous pûtes 和虚拟式未完成过去时(法语里的活死人,我们会在后面讲解到):qu'il fît、qu'il voulût,用以区分它们的简单过去式:il fit、il voulut。

最终,被抹去了长音符的词汇也就只有约三百个。既然如此,又为何因如此微不足道的符号而大动干戈？为何因这杯中风暴而小题大做？

想要得到答案，我们需要展开历史的卷轴，研究它的脆弱之处和其象征意义的重要性。

一个资产阶级革命分子

这个渺小的符号于17世纪被引入法语书写体系，在大部分情况下，用以代替近两个世纪的哑音 s（我们通常称之为"延长音 s"）。feneſtre（来源于拉丁语 fenestra）读如/fenètre/，随后演化为 fenêtre。此处的长音符代替开音符 è，漂浮在元音 e 上方，如同打着拉丁印记挥之不去的记忆，简直一举两得。

但在演变之初，争议频发。面对着捍卫传统书写规则的守护者 s，长音符的确像个可憎的革命分子。革命直至1740年才成功，长音符最终被采用。哎，真是历史的嘲弄：这位革命家后来年纪也大了，成为了资产阶级，却逐渐沦为平庸之辈，任凭改革者们一致的呼声，他也未将革命进行到底。不过，翻阅词典，见证它与 s 出双入对、一唱一和，岂非悦乐之事。比如，打开窗户（fenêtre），抛出（défenestrer）烦恼；保护森林（forêt），抵制乱砍乱伐（déforestation）；正值节假日（festival）或恰逢宴会（festin），筹划一场派对（fête）；来一盘甲壳类海鲜（crustacés），再配上一块涂着蛋黄酱的酥脆干酪（croûte croustillante）；八月（août），不就来自于古罗马的第一任帝王奥古斯都（Auguste）吗？厌倦了世俗喧嚣的您，只身前往一个荒凉的孤岛（île），莫不是想要与世隔绝（isoler）？

外国语言也没有停下脚步，如西班牙语里的 isla、意大利的 isola、英语的 island 或德语的 insel，它们如果带上顶帽子，会比法语中的 île 更加接近拉丁语 insula。尤其像英语，对 s 更是爱不释手，如 hospital（hôpital）、beast（bête）、crust（croûte）、disgusting（dégoûtant）、coast（côte）、task（tâche）、host（hôte），等。结果是，法语的宿敌反而更加首尾一贯、忠于拉丁。

长音符虽通常代替字母 s，但它一定不会出现在另一个 s 之前。但有一个例外，那就是单词 châsse（骨灰盒），元音 a 上仍然保留长音符，用以区分 chasse，意为"打猎"，如 chasse à courre（围猎），chasse au gaspillage（抵制浪费）。

现在再回头看看长音符，它还是多余的吗？它是当下这个表面纷繁复杂实则独尊精简的社会里的一种无用的累赘吗？这取决于人们的看法，是将语言仅仅当成一种工具（un simple outil）或简单的工具（un outil simple），还是将其视作饱含历史的痕迹和延续拉丁语的纽带。从我提供的这两种观点来看，您应该已猜到了我心所属。无需多余的辩解，一切都如此合理①。

长音符，默默无闻却又备受瞩目，总在您耳旁悄声低语："看，快看！您讲的语言、写的文字有两千年的历史！所以，莫忘了它也莫忘了我！莫要抹去海鸥的翅膀，沉寂了天空里的呢喃！"

知拼写，听万代祖先们的声音。

---

① 引自贝尔纳·赛尔吉里尼《记忆的声音》，同前。

飘忽不定的符号

——连字符

总有一些痴迷厨艺的人,会花上数小时准备一盘草莓香橙甜点;也有一些醉心园艺的人,会用上整个周末搬来大批杜鹃花(rhododendrons,这是个希腊词,原意为"开花的树"。很可爱的名字,不是吗?);还有一小部分人身处校园,秉笔直书连字符里的回忆。后者属于哪一类?这个问题就留给读者您来安排了。若您拿不定主意,那应是您从未做客舍下,未曾观赏我院中的花园之貌。

表面看似微不足道、令人捉摸不透的连字符倒能给予我们不少谈资。正如赌盘里或彩票数字间的连接线,它充满着太多的不确定性。人们通常倾向于使用不带连字符的词汇写文章,如 tout à fait、bien sûr、s'il vous plaît 或遍布网络的 cliquez ici。而在应使用连字符的时候却省略了它,如位于命令式代词后,Donnez-les-moi,或在数字书写中,如 soixante-dix millions neuf cent quatre-vingt-neuf mille euros,虽然在现实生活中,我们很少有机会遇上这种数字书写。

总之,连字符是个让人腻烦的淘气包,但又是那么无法割舍。就连符号名称本身也预示着紧密的结合。它的身份往往被人误解。人们总会恼人地把它和破折号"——"或连接号"‐"混为一谈,殊不知它们与连字符的用法完全不同,后两者常出现在对话、举例和插入语中。更糟糕的是,连字符的称呼里(le trait d'union)竟连一个连字符号也没有,岂不荒谬!

是时候为这个不受欢迎的(mal-aimé、malaimé 还是 mal aimé)连字符翻案了。

一场激烈的竞争

和其他标点符号相比,连字符很难得到重视。一方面,它用于单词换行中,以拆分行末词汇。所以，印刷匠和校对员往往把它叫成"拆分符"，即"移动连字符"（division 或 div'）。

另一方面，它的竞争对手来源于古老的亚历山大体诗中的"连字符"（hyphen），是一个颠倒过来的第 24 个希腊字母 Ω。某些 16 世纪的印刷商企图强制将其插入少数合成词中，如 passe‿temps、entre‿bailler，以及介于动词和代词之间，如 est‿ce、promettez‿vous 等。这样的符号形状虽已经消失，但它的名称"连字符"（hyphen）跨越了数世纪和世界各国，在英语中保留了下来，指的就是法语中的"连字符"（trait d'union）。

最后，它还需和长音符进行殊死搏斗，如在 très ̂excellent 或有着颠倒的长音符的 porc ̌épic 中。

简言之，法语的连字符一开始虽位居下风，但血统高贵。它源于希伯来语符号，称为"马卡夫"（macaph 或 maqqeph），随后在欧洲大陆上经过漫长的跋涉，终于 1530 年出现在《圣经》其中一个最早的译本中，用于标注合成词。这个绝妙的起源（sacrée origine，而非"神圣的起源"origine sacrée）保证了连字符在往后的竞争中迅速而辉煌地胜出。

牵线搭桥的连字符

问题不出在语法上。

客气地讲，这个句子带着些超现实主义色彩。不客气地讲，则满是谎言。法语语法惹来的麻烦何曾休止？然而，在连字符这个语法点上，它确实显示出了智慧和无可挑剔的规律性，可以说它将一切新奇与美好都留给了词汇拼写法。它机敏的潜能在合成词中展露无遗。

连字符是位执拗不听劝的媒婆，它穿针引线，撮合所有彼此有默契的词汇结成良缘，如同语法里的交友平台。无论哪一类词汇，只要报上名去，都能在那里找到生命中的另一半。

若您是一个动词，突然爱上了一位人称主语，该怎么表白心意呢？连字符便会前来牵线搭桥：dis-je、épousé-je、fût-je、dussé-je[①]。您是否觉着副代词 en 和 y 如此性感成熟？连字符助您抱得美人归：vas-y、épouse-en une。一句赞美让您按捺不

[①] 即使这里是闭音符 é，但它依旧发成 è 音；épousé-je 是直陈式现在时，不要将它与未完成过去时（épousais-je）或简单过去时（épousai-je）弄混。另外，1990 年的改革建议人们写成 épousè-je、dussè-je。

住了？没问题，连字符帮您安排一场约会：aime-la、épouse-moi、promets-leur。毕竟，语言学家称它们为"联合代词"(des pronoms conjoint)也并非毫无道理。但要注意，连字符甚至会在代词早已成家的基础上再组成个三人家庭，如 donne-le-nous、confie-la-lui、prends-leur-en，等。

相反，它却无法容忍代词的后头跟着另一个不定式动词，因为这种行为不忠不敬。因此，连字符拒绝将动词和这类有着婚外情的代词凑成一对。我们有 ose-le，却只会写成 ose le lui avouer；我们说 vas-y，但只会写成 va y mettre de l'ordre；我们有 va-t'en，但只会写 va t'en preparer un。

同样，连字符会将人称代词和形容词 même 连在一起，如 moi-même、elle-même、nous-même、soi-même 等。

连字符喜欢粘着字母 t。在主谓倒置的句式中，连字符会出现两次，如 refuse-t-il、va-t-elle、épousa-t-on、y a-t-il 等。此处的 t 叫作"谐音字母"(t euphonique，来源于希腊语，意为"优美的声音")，用以避免元音连读。您不能将它和代词 te 混淆，后者在元音前变为 t'，如 va-t'en。

连字符在联合名词和虚词 ci 或 là 时显得有些笨拙，因为这两个虚词对它来说过于坦率直白。的确，连字符用语法圣洁的纽带将两个面对面的爱人系到了一起：cette passion-ci、ce marriage-là。但倘若它们之间插足一个形容词或一补语，连字符便害羞地一溜烟跑了，这场浪漫的约会也就到头了，如 cette folle passion ci、ce marriage de raison là。

连字符又是一位伟大的浪漫主义者，像所有配得上此名的人一样，它是位唯心论者，利益的诱惑对它不起作用。大笔的财富不曾使它动心，它过着朴素的生活，领着微薄的津贴，通常不超过一百：trente-deux、cinquante-huit、quatre-vingts、quatre-vingt-dix-neuf。超过了一百，我们便不再能瞧见它的身影，如 cent deux、trois cent vingt、deux mille cinq cent quarante。在 et 的面前，它也败下阵来，如 vingt et un、cinquante et un、soixante et onze。

在语法的这片土壤之上，盛开着一朵浪漫而与世无争的蓝色连字符之花。

戈兰林精灵们回来了

潜伏到某些形迹可疑的词汇拼写后，您会发现长音符摇身变成了戈兰林精灵，有着滑稽或邪恶的性格。想要找到它们出没的踪迹可不是件容易的事。

从理论上讲，它会蜷缩在合成名词中。但那只是理论上的结论。我们的戈兰林小精灵热衷于捉迷藏。看，它现身于"一杯烧酒"(eau-de-vie)，却隐身于"石灰水"(eau de chaux);藏匿于"城堡"(château fort),却现身于"保险箱"(coffre-fort);粘着"造假币者"(faux-monnayeur),却远离"假朋友——同形异义词"(faux ami);置身"行李架"(porte-bagages),却躲进"自动铅笔"(portemine);依附"陡壁"(à-pic)而拒绝"平衡"(aplomb)。它最神秘的境界莫过于地狱三部曲:faux sens、non-sens、contresens!另外,省文撇也掺和了进来,像我们曾经在 grand'mere、grand'place 见到的,至今仍留存在部分词汇里,再如 entr'apercevoir 或 prud'homme。这样,法语里合成词矛盾重重、冲突不断的大家庭算是完整了。

倘若任意之风横行于世,人们不就能从词汇的枷锁中解脱出来了吗?这么一想,一股疯狂的期盼和对自由的渴望占据着您的内心。放弃吧!语法里依旧摆着些条条框框,支配着连字符和合成词的运用。问题的关键是,那些被我们称为"语言的规则"不如说是某些使用倾向,它们往往与法语的特征和法国人的直觉背道而驰。

这其中的原因大概是,受本性驱使,法国人会不自主地大量合并词汇,几乎会发自本能的钟爱剥去词汇外皮,找出能用连字符搭建合成词的元素。如今,谁还能从 vinaigre 中听出 vin 和 aigre,从 plafond 里头听出 plat 和 fond,从 pissenlit(尿床草-蒲公英)听出 pisse-en-lit(尿床)或戴高乐式的 chienlit(暴乱,此处略去它粗俗的词源)?衔接这些词汇,即将词汇融合成一体,并使原有的词汇丧失其独立性和含义。这就是法国人对词汇的自由使用情有独钟的原因,这些词汇真切明白地显示着彼此紧密的联系。连字符就在两者之间施展着它既能分隔开又能衔接上的高超的本领。

比如,在电影片尾(您得安心盯着片尾约以 200 m/h 的速度滚动的字幕)不难看到这样的词汇:co-scénari 或 co-producteur(而非 coscenariste、coproducteur),前缀 co-总是和后面的词汇焊接在一起,会产生元音连读现象,再如 coïncidence、coordonner 等。与此类似,我们还有前缀 pré-、anti-。一般情况下,都需要省略连字符,比如 Veuillez prépayer votre commande de crème antirides。

这种发自心底地拆分与结合的愿望因词汇的简明易辨性显得愈加强烈。法语不像德语,在经过词汇焊接后会产生词汇怪物。记得我曾在柏林买了一件一无是处的物品,买它纯粹因对它的名称感兴趣:l'Eierschalensollbruchstellenverursacher,它是一种长约 30 厘米的金属棒,一端是一项用于覆盖一个鸡蛋大小的钟型罩,上方配有一个可以沿棒自行下落的圆球。小球通过几次敲击之后,蛋壳就裂开了。其实,我完全可以用合成词,如 toque-œuf(蛋帽)或 choque-œuf(蛋壳切割器)将它翻译得更恰当。

在歌德式的语言中,人们世世代代都是词汇焊接师。我们的德国邻居们见惯了比这还要更可怕的情景,如加辣的啤酒火腿或《探长德里克》。人们于是创造了——用什么词汇呢?怪胎?似乎有些大不敬的意思——不少臭名昭著的单词,像出现在一份官方文件的最长的德语词：Rindfleischetikettierungsüberwachungsaufgabenübertragungsgesetz，前后共计 63 个字母，它的意思是"牛肉说明标签的监督义务转移法"，是一项旨在让人们彻底成为素食者的举措。幸运的是，法国从不曾有这类技术官僚性质的改革，不是吗？

无论如何，在莫里哀的语言里，人们更热爱虚线式表达。若我向您推荐一位耳鼻喉科医生（otorhinolaryngologiste），您也许更乐于相信您自己的耳鼻喉医生（oto-rhino-laryngologiste）以及他做的脑电图（électroencéphalogramme）。词典里都默认这两种写法，即使此处的焊接规则要求这类科技合成词（通常从拉丁-希腊语形成）省略连字符。在通俗语中，这种规则一样适用。这有可能会冒犯某些人，但面对着那位在您跟前一直唠叨的、超级炫酷（hyper-méga-cool）和极其奔放（giga-open）的老板，您应奉上这句话："您完全搞错了（archifaux），我只休了个迷你假期（minivacances）而已！"

生活中不是只有焊接这活。连字符通常还具有凝固作用。您知道"一二三，太阳！"这个游戏吗？连字符就爱玩这个游戏，它在语句固定成词汇元素时起阻隔作用，比如，tel objet va et vient（某物来回摆动），一二三，太阳！它凝固了，变成 un va-et-vient（一来回摆动的物体）。鸡臀部上方的那块肉怎么还在盘子里，是那个蠢蛋落下的吗（le sot l'y laisse）？一二三，太阳！瞧，它摇身变成了"骶骨肉"（un sot-l'y-laisse）。那扇门也能当做窗户？一二三，太阳！您才安装了一扇"落地窗"（une porte-fenêtre）。

像这样，每天都有成千上万的合成词不停地形成与被创造。词典里新纳入的合成词有 un pet-de-sœur（法式花卷）、un quatre-heures（一顿下午茶）、le droit-de-l'hommisme（人权）、un vide-dressing（一个衣柜清理计划；通过卖出衣柜里的衣服而再次购买新的衣服，vendre plus pour acheter plus）、le vivre-ensemble（同居）、le plaider-coupable（认罪协商）、le lâcher-prise（放手），等。而其余的老一辈的合成词也逐渐被遗忘。我最喜欢的要数 le baise-la-piastre 和 le fesse-mathieu（贪婪，爱财如命），以及 le décrochez-moi-ça（估衣铺）、le suivez-moi-jeune-homme（女帽上系着的飘带）和 l'écoute-s'il-pleut（弱者）。

修辞里的配角

来看看下面四对句子：

J'ai passé la nuit avec **monmaître à danser**.

J'ai passé la nuit avec **monmaître-à-danser**.

我和我的探戈舞教练度过了一个美丽而神秘的疯狂之夜,还是和圆规一起奋斗到天明?

Le **grand duc** s'est mis à ululer dans la rue.

Le **grand-duc** s'est mis à ululer dans la rue.

这是一只猫头鹰发出的尖叫声,还是一位卢森堡亲王因疯狂而大声呼喊?

Ce petit polisson eitre toutes les **queues-de-cheval**.

Ce petit polisson tire toutes les **queues de cheval**.

这是个喜欢揪女孩子马尾辫的小顽童,还是个厌恶马类的捣蛋包?

Je contemple des **chiens assis**.

Je contemple des **chiens-assis**.

我是位爱狗人士还是位建筑迷恋狂?

正如上述例子所显示的,词汇的凝固常伴着修辞手法,连字符便标志着词汇从字面含义转向比喻意义的过渡。这在植物学领域尤为突出,如 la monnaie-du-pape(缎花)、la dent-de-lion(蒲公英)、la belle-de-nuit(紫茉莉或夜间工作的街头妓女)、la langue-de-serpent(蕨)、le sceau-de-Salomon(黄精,一种花白,根茎上有如印章样斑痕的植物)、la dame-d'onze-heures(伯利恒之星,花呈白、黄或橙色,上午11点开花)……

然而,连字符远非一成不变地出现在所有复合词里,像下列的这几类词组就不需要连字符:une herbe à chats(一颗猫薄荷)、un cheval de frise(一道防栅)、une pomme de terre(一颗土豆)、un dos d'âne(一条减速带)、un casque bleu(一名维和部队人员)、un col blanc(一位白领)等。

那么,我们该如何判断呢?最简单的方法,自觉伸手翻开一本《小罗伯特词典》或《小拉鲁斯词典》来核对一下答案,顺便瞧瞧它们给出的书写形式是否一致,但结果通常会让您更加疑惑不解。

要不这样,您不如摆出一副尊贵的姿态,心中无数似有数地将连字符大方地撒进您的文章里(按以往的数据显示,这样写对的几率更大),一面暗暗祈祷您的读者知之甚少,以此蒙混过关。

毕竟,我们能否认为连字符的运用不当是一种语言的错误呢?这个问题仍有待进一步研究。

常见疑难解答（三）

"看，我们读了不少了，该休息半个小时了（une demi-heure）。"

但在放下书之前，不妨问自己"为什么形容词 demi 在名词前（une demi-heure、trois demi-journées）总是保持不变"？

法语里常会出现类似的情况，至于名词之前的形容词往往被连字符凝固、保持不变，如 des demi-bouteilles。

相反，当 demi 至于名词之后时，它就应该且只需进行阴阳性的配合（因为它往往表示一个物体的一半，所以不作数的配合），如 une bouteille et demie, deux jours et demi, deux heures et demie。

同样的现象还发生在形容词 nu（裸露的，无遮盖的）上，如 nu-pied、nu-tête/pieds nus、tête nue。在司法词汇里有一种例外，即"虚有权所有者"，法文为 un nu-propriétaire, une nue-propriétaire, des nus-propriétaires。

证毕。

人类一小步，法语一大步

——否定式

　　法国，有着干酪、葡萄酒、埃菲尔铁塔、社会保险……以及法语的否定式。

　　法语确实拥有一套否定表达体系，但这是一种断了气的体系、一处破损的遗迹、一步累赘的著作：副词 ne 后头跟着的另一个小品词逐渐有吞噬它的趋势，如 Fallait pas m'quitter, tu vois, il est beau le résultat①，人们常常在法语文学遗产的大文本里找到这类句子。那么，罗曼语系或印欧语系里长着两只脚的否定式到底从何而来？更何况，我们如何解释它逐渐退化成一只腿的现象？

第一步由此迈出

　　拉丁语里，其基础否定形式为 non，随后弱化为 nen，保留在古老的拉丁语 nenni 中。这个词后来演变为今天的副词 ne，也就是法语里真正的否定形式。它在随后的几个世纪独自运用于否定句中，我们在 12 世纪的《罗兰之歌》中找到了类似的例子：Vostre olifan suner vus ne l'deignastes（但您不愿意吹响号角。）。

　　然而，要用这样一个平凡而渺小的单音节词承载强烈的语义——否定行为通常有强硬的基调——就会使人觉得它力不从心。独腿否定词很难保持平衡，而双腿走起路来就更加稳当。但我们又要去哪儿为它找来第二条腿呢？

　　那时候，人们时常能撞见否定词 ne 与某些指代无足轻重的事物连用，如 je ne marche pas，意思是 je ne marche même un pas（我一步也没走）；je ne couds point，意思是 je ne couds même pas un point（我一点儿针线活也没做）；je ne

---

①　《傻事》，萨宾·帕蒂雷尔，1985.

prends rien，意思是 je ne prends même pas une chose（我一样也不拿）；je ne bois goutte，意思是 je ne mange même pas une miette（我滴水未进）；je ne mange mie，意思是 je ne mange même pas une miette（我一粒饭也不吃）。历史是一种漏网，过滤了这些名词原有的含义，让它们称为否定形式的一个组成部分。我们保留了 pas，并在少数仿古或区域语言环境下使用 point；mie 连词带义全部消失殆尽，而 goutte 也只在特定的表达中出现，如 je n'y vois goutte 及 je n'y entends goutte（用俗语讲，为 je capte que dal / j'entrave que pouic，意思是"我啥也没搞懂"）。其他的副词也前来补充否定式调色盘里的水彩颜料，彼此之间有着细微的差异。如，plus（来源于拉丁语 plus），jamais（古法语 ja 源于拉丁语 jam，意为"已经"；mais 源于拉丁语 magis，意为"不再"），guère（法兰克语，意为"非常"）等。

一脚（pas）下去，踩碎了一切

一个 pas 便击垮了一切竞争对手。
在现代法语中，它正在逐步取代有着千年的历史、饱经沧桑的副词 ne。不得不说，pas 被过度强化了。如 je ne sais pas 否定句里的重音完全落在最后，因为人们总会将重音加在一组词或一句话的末尾。此时，副词 ne 沦为配角，不重读。倘若您再不发出哑音 e 的话，它就变成了 je n'sais pas，显得更加寒酸。下一步便是 je sais pas，再到 j'sais pas，最终成了 chais pas，我们因此轻松愉快地跳过了这中间的一小步。

当然，我们的老干将 ne 辛辛苦苦、摸爬滚打，仍不时向地位稳固的 pas 投去一丝不屑。在文学领域，ne 也筑高墙，固守着它那片弹丸之地。如，je ne peux（我无法），je ne saurais dire（我无法确定），si je ne m'abuse（倘若我没弄错的话），je n'ose le dire（我不敢说），n'ayez crainte（不用担心），je n'en ai cure（我不在乎），on ne peut mieux（好极了），je ne sais qui（我不清楚谁……），je n'ai que faire de tout cela（我什么都不需要），je ne cesse d'y pense（我不断寻思），等。

侵略者 ne

副词 ne 不仅能顽强地抵御外侵，还能入侵不属于它的领地。如，词组 sans que 本身已含有否定意义，就无法再与 ne 搭配；如，La marquise sortit à 5 heures sans qu'on la voie（侯爵夫人 5 点出的门，没人瞧见她），又如从句中含有带否定意义的单词（aucun、jamais、personne、rien），而它们实为肯定词；如，Longtemps je me suis couché de bonne heure, sans que personne s'en aperçût（很长一段时间，我都睡得挺早，没人察觉）。然而，如今我们越来越习惯加上一个多余的副词 ne，尤其在文学创作中，如：

La vapeur vous sort-elle du nez

Sans qu'un voisin **ne** crie au feu de cheminée?（摘自《大鼻子情圣》）

这勇敢而忧郁的大鼻子情圣西拉诺到底做了什么让人无法原谅的事呢？

再举一个与 ne 相关的近期的例子：表达法 le plus gros que j'aie jamais vu。刚刚我已讲过，jamais 是肯定词，我们在如 sais-on jamais（谁能想得到），si jamais vous venez（万一您来了）或 a-t-on jamais vu pareil idiot（曾见过这样的蠢蛋吗）等一类表达法中的确能感到它的肯定含义。所以，句子 L'éducation national est le pachyderme le plus gros que j'aie jamais vu 里的 jamais 表示"某一天""已经"的含义。但人们经常画蛇添足，错误地加上了毫无用处的 ne，如：

Dis-moi que je suis la seule

Que tu n'aies jamais autant désirée.（摘自乔伊斯·乔纳森的歌曲《会好的》）

这样的错误甚至会导致歧义，如 2003 年《法国世界报》用 Le seul pays qui n'ait jamais utilisé de telles armes 来形容美国。但其含义模糊不清，它（指美国）是唯一一个从未使用还是曾经使用过这样的武器装备的国家呢？美国对和平的热爱不禁让人们深思这里的句意歧解。

危险的连诵

有种更常见、更阴险的错误，人们也不善于识别它们（On a, en général, guère l'habitude de la repérer）。

那就是，在写作中，在 on 和 en 之后和下一个以元音开头的单词之前的副词 ne 往往被遗漏。这两个代词（on 和 en）和 ne 所产生的连诵给否定式蒙上了一层难以辨识对错的迷雾。您看出上一段括号里的语病了吗？句中的否定式应该为 ne ... guère。代词 on 和后面的动词 avoir 的连读逃过了耳朵，麻醉了大脑，好一个手法高明的魔术师。

然而，这个错误却预示着语言的演化：在双脚行走之前（ne ... pas, ne ... plus,

ne ... jamais、ne ... personne 等），法语的否定式本是只有副词 ne 的独角兽。但若按照现在的形势往下发展，它很有可能又朝着单脚的方向演变，只是这次换到了另一只脚（pas、plus、jamais、personne）。这样做会让句意变得费解含糊，如 J'aime plus mon mari，这个句子，按您的理解，传达的是她将要离婚的愿望还是她对丈夫更热烈的爱意？这不，没有了 ne，问题就来了。

"是"与"否"的由来

法语的否定词 nenni 在拉丁语 nen 的基础上构成，位于人称代词 il 之后（nenni，读 /nan-ni/，其中的 an 为鼻元音，与单词 cent 的鼻元音一样）。

"Vendroiz i vos？"

— "Nenil"，fet Lancelos.①

于是，法语里的"不"（non）则由拉丁语的否定形式演变而来。但您可能发现，我们发该音时，嘴部松弛，它现在听起来倒越来越像 nan，这比发 non 要省力得多。

那么法语的"是"（oui）又源于何方呢？同样，它的字母 o 来自于拉丁语 hoc，位于起强调作用的人称代词 il 之后。在法国北部地区，人们保留了 oïl（也就是北部奥依语名字的由来，langue d'oïl），随后演化成 oui；而在法国南部地区，hoc 再除去了字母 h 后保留了 oc，于是便有了南部的奥克语（langue d'oc）。

---

① "您回来吗？"
"不。"兰斯洛特回答说。
摘自十三世纪史诗式传奇故事《亚瑟王之死》。

拼写的千变万化

——常见的错误

在日复一日、年复一年的浏览、查阅和研究各类词典后，我隐约地认为自己在词汇拼写上还算应付自如，游刃有余。

然而，像其他人一样，我也有挥之不去的烦恼。我得一点点不停地啃词汇，才能对其书写有十足的把握。像单词 athymhormie（"丧失生命力"，神经学方面的术语）、chœnichthys（"软骨鱼"，没有红血球的一类鱼）、ecthyma（"臁疮"，一种皮肤病，表现为一创口周围皮肤溃烂起脓疮等症状），甚至连路易十四的老丈人，那位最爱吃玛德莱娜蛋糕的斯坦尼斯瓦夫公爵（le duc Stanislas Leszczynski①）我都拼写得顺畅自如。您肯定会想："躲在键盘后面吹牛不是件容易的事吗？"但我邀请您随时来访，以检验我对这些面目狰狞的单词的拼写。您不妨坐下和我小酌一杯，拼写和酒水刚巧互补成双，一个要适量地品，另一个却能畅快地饮。

有意思的是，我对某些形容词的拼写却总是拿不定主意，如 exigent 和 exigeant（严苛的），哪一个正确？更无需提及它的名词形式，是 exigence 还是 exigeance？此外，我要费好大把劲才能记住"抵抗"一词的拼写，它是 échauffourée、échauffourrée 还是 échaufourrée？说到那位被审判而永无止境地向山顶推着大石头的西西弗，他的一生都活在悲惨之中。但他的名字是写成 Sisyphe 还是 Sisiphe？若您准备跟我聊聊与"严苛的""西西弗"的"抵抗"相关的话题，那我会直接把拼写撂在一旁，拿起穗子编织我的流苏了。

当然，几乎每个人的病历里都或多或少记载着拼写引发的恐惧症。要治愈那

---

① 他还创造了"巴巴朗姆糕"（le baba au rhum）和"科梅尔西的马德莱娜蛋糕"（la madeleine de Commercy），但这又是另一个故事了。

些病症，即使对一个意志坚强的人来说，也并非易事，倒更是种挑战（gageure[①]）。就拿我的家人来说，他们几乎很少犯拼写的错误，他们的病历本里记录的是不同于平常人的另一种症状。这种特殊性我们留给心理学家去研究吧，它不属于本节的主题。

不如大胆地逆向思考这个问题：如果我们从来不犯错，结果又如何？或者说，如果是语言本身出现了问题呢？我们就像一群小绵羊，眼巴巴地被动接受学校教给我们的语法规则。保罗·瓦莱里写道："法语的词汇拼写作为世界最离奇的产物之一，它的荒诞举世闻名。它是一本蛮横或专制的集子，里面布满着由人类莫名的决断所指定的大量词源的错误。"很明显，对于诗歌和词汇，他更热爱前者。原谅他吧，因为这样说也无可厚非。

噩梦里的噩梦

天刚亮，您便从一场拼写的噩梦（cauchemards）中惊醒，神情恍惚、面带愁容。"噩梦"（cauchmar）怎么多了个 d？贤德者不禁叫出了声。可是，我们不也经常说"做噩梦"（cauchemarder）和"像噩梦般的"（cauchemardesque），为什么不能在名词后加一个 d 呢？当然，了解它的词源会阻止我们画蛇添足。该词来源于两个词的融合：一是皮卡地语里的 cauchier（古法语动词，意为"困扰，紧逼"），一是 mare（荷兰语，意为"魂灵"，如英语里的"梦魇"nightmare 一词）。而被人们暗中悄悄添加的-d 实际上是仿照像 bavard / bavarder（闲聊）这类以-ard 结尾的词汇形式。由于该语法规则运用于多数情况，上述的词形变化看起来就更显得符合逻辑。如，由单词 plombier（铅管工）而来的 plomb（管道），sanguin（血液的）提醒您别忘记变成名词 sang 之后的字母 g，单词 accrocher（钩住，挂）变为以字母 c 结尾的名词 accroc，和单词 sirupeux（糖浆状的）变为以字母 p 结尾的名词 sirop。所以，除了词典的牵制之外，谁也无法遏制您在"噩梦"后加上 d 的冲动。

法语的拼写法是位有着异样魅力的老妇人。单词 cauchmarder 之于 cauchmar，就如 favorite 之于 favori，caoutchouteux 之于 caoutchouc，dissoute、absoute 之于 dissous、absous（虽然《新拼写法》词典也建议使用 dissout、absout），前者并不会为您书写后者提供多大帮助。您是否注意到，在前后两个词形转化中建

[①] 名词 gageure 发音为/gajur/，而/gajeur/因为字母 e 的作用仅为了保证字母 j 发/j/音，也是法兰西学士院所建议的理解方法。此外，我们还有不少这类单词，如 bringeure、mangeure、rongeure、vergeure 等。

立联系的几乎都是辅音 t，再如，单词 bijou（首饰）提供了 bijoutier（珠宝商），caillou（碎石）提供了 caillouteux（布满碎石的），甚至是 pipeau（诱鸟笛，一种仿照鸟声制成的小型吹奏乐器）和 psycho（心理学）近期提供了 pipeauter（花言巧语）和 psychoter（惧怕）。

Sans aucun **délai**，le petit déjeuner prend ensuite le relai（没有半点延迟，早饭点到了），您也许在 délai 和 relais 这两个词的拼写上犹豫着。到底哪个该加 s？您干脆都不加 s，这样做确有道理。因为 délai 来源于动词 délayer（稀释），而 relais 来源于动词 relayer（接替），但因马虎的语法学家错误地将 relais 视作 relaisser 的衍生词，于是这样有着 s 末尾的写法便足足延续了近四个世纪（1990 年改革家们曾要求删除字母 s）。

集市里的趣闻拼写

您爱吃蜂窝饼（gaufres）吗？别觉得不好意思，爱吃它无可厚非。然而，在集市上的木屋店铺里，在夹杂着油腻气味的西班牙油条和红得自然的情人节爱果之间，它又被多少次误写成了"峰窝饼"（gauffres）？虽然它来源于法兰克词汇 wafla，但它在英语和德语里不也分别写成（含双 f 的）waffle 和 waffel 吗？再说了，一块蜂窝饼既可以"被吞食"（s'engouffrer），多添一个 f 不更显得它厚实饱满吗？可是，世界上的所有糕点都无法和词汇拼写里辛辣的喜悦相媲美。所以，蜂窝饼当然要写成 gaufre。

吃完了蜂窝饼，最好小跑（courir）一段。但为什么不赋予它双写 r 呢？难道它的拉丁语词源 correre 亦无法促使人们这样做吗？再者，和它来自同一家族的词汇完整地保留了双写形式，像 courrier、concurrent、récurrent、occurrence 或词组 chasse à courre 中古老的不定式 courre 等。不瞒您说，法语在此处使了坏：r 竟被拿来区分动词 courir 的未完成过去时 je courais 和它的条件式 je courrais。

-ment 的作用

Doucement、grassement、fraîchement、gaiement、nouvellement，静静地看会儿这些单词，您瞧出什么来了？这些以-ment 结尾的副词都是在阴性形容词的基础上变化而来的。后缀-ment 实际来源于拉丁语 mens，mentis（意为"才智，思想，智力")为阴性名词,所以才会和形容词的阴性形式焊接在一起。

那么 joliment、poliment、vraiment、absolument 或 gentiment,又该如何解释呢?句子 Vous parlez gentillement 中的 gentillement 拼写正确吗?不正确……除非您生于 1932 年以前,因为《法兰西学院词典》自 1694 年起纳入了 gentillement 这样的拼写方式,直至 1932 年才被移出。

近些年,以-ument 结尾的副词真可谓是词汇听写比赛的一大幸事。其中一部分基于阴性形容词形成的副词已抹去了 e,用带有长音符的 û 取而代之,如 assidûment、continûment、crûment、goulûment、nûment(或 nuement)、dûment、incongrûment 等;另一部分则被一位懒惰的语法学家抹去了长音符,如 absolument、éperdument、ingénument、prétendument、résolument 等。在订立规则时,我曾建言献策,用一妙计完美地解决了是否用长音符的问题,那就是:对于没有任何音符的单词,当它变为副词时,需加上长音符,而已含有音符的单词则无需加,如 assidûment、prétendument。这样的技巧成功应用于一切以-ument 结尾的词汇(除了一个例外:absolument)。可是,1990 年的改革风暴几乎刮走了所有副词头上的那顶帽子。这也许不算什么大事,但我却依然珍视并爱护着它。

前途渺茫

前阵子,在收听一讲解法语动词变位的电台节目时,我曾胆怯地揭露了我母亲犯的语法错误,因为她说:"当水烧开了。"(Quand l'eau **bouera**)结果情况不妙。由于平日里,她对自己讲的语言还揣着几份自信。这回被揭了短,她感到非常生气。语法真是没少给家庭带来麻烦和纷争啊!我希望借这密密麻麻的文字为上述事情打个掩护,否则若她知道了,又要……

回到正题上来。这错误的拼写①到底从何而来?毫无疑问,源于 bouillir(沸腾)的直陈式现在时的单数变位:je bous、tu bous、il bout。您可能早已发现,法语里 99% 的动词的将来时态形成于它的不定式后接动词 avoir 的现在时变位,如 je manger-ai、tu boir-as、il vomir-a、nous dormir-ons、vous peindr-ez、ils puer-ont。它有着历史根源。拉丁语的将来时变位十分复杂,所以那些散漫的罗曼语系的语言便自立门户,利用动词不定式 + 动词 avoir 的形式,自创了将来时态。je

---

① 语言不规范用词(le barbarisme)指的是一种错误的词汇拼写方法,往往源于作者自行篡改,如将 pécuniaire 写成 pécunier,aborigène 写成 arborigène。但注意:对您来说,这样写是一种不该出现的错误;而对作家来说,它就成了一种自创的新词、作者的破格或一种写作风格。

chanterai 在拉丁语书面语中写成 cantare habeo（j'ai à chanter），后来经过一些语言演变，人们最终又回到了原先的结构。我们参照这种形式，用动词 aller + 不定式结构来表达最近将来时。

如此看来，尽管母亲不乐意，bouillir 一词就应变位成 je bouillirai。您即使和我一样对厨艺一窍不通，也至少知道，只有当水沸腾了以后（quand l'eau bouillira）才能下面条吧！

美丽的花语

像我一样，您不擅长园艺，即便面前是一盆耐旱易存活的仙人掌，您也一步步亲手终结了它的生命（我承认，厨艺、园艺我样样不精，但我也无需如此，因为词汇拼写是个不挑剔的好伴侣）。于是，若想要您的两盆"吊钟海棠"（常被误写成 fuschias）和"大丽菊"（常被误写成 dalhias）开出花朵，您得经常施施肥。这类拼写错误错不在您，因为字母序列-sch-在法语中并不罕见，如 schiste、schéma、kitsch 等。另外，我们还习惯在辅音后加上字母 h，如 th（athée、méthode）、ch（chiropracteur、techno）、gh（ghetto、Afghanistan）或 lh（malheur、slhouette）。

花卉的语言多么有趣！看看一些让植物学家爱不释手的怪异的希腊语，如 chlorophylle（意为"叶绿素"）、sisymbre（蒜芥）、phalaenopsis（蝴蝶兰，形似"飞蛾"）、chamœrops（矮灌木）等。植物学家们可比这些名字看上去更加自我陶醉和引人发笑，他们通常会给新发现的植物冠个同胞名（希望得到一代又一代后辈们永久的仰慕）。如，将大丽菊从墨西哥引进欧洲的瑞典植物学家安德里埃斯·达尔（Andreas Dahl）就将自己的名字赐予了它。德国植物学家莱昂哈特·福克斯（Leohard Fuchs）为 12 世纪的植物种类献上了吊钟海棠（fuchsia，读成/fuchia/）。我将其读作/fuksia/，这要么会让人认为我附庸风雅，俗不可耐，要么则被人以为是个无可救药的疯子。但我身上可一点儿书呆子气也没有，因为这具有模糊的德国味的怪异的发音（最高级的词典认可这种发音）正助我准确地拼写了 fuchsia！看来，的确需要几招词汇记忆法！

语言总爱捉弄人类。它时常离开大多数人行走的大路，转向无人问津的蜿蜒小径。有时，人类的思维甚至都比它更加严谨，我们所犯的"错误"从理性和历史的角度来考量也并非大错。可是，如果它不再任性、怪诞，不再变化多端，那它又会是什么样呢？最多就是灰暗的日子里的一摊令人疲乏的机械性的工作吧。也许这才最让人失落。

动词来了，问题也就跟着来

——罕见和麻烦的动词

"Le President de la République① est tout émotionné d'avoir solutionné le problème du chômage."（共和国总统因疏解了失业问题引发的纷乱而感到了强烈的情感冲击）您若觉得这句话听起来犹如蜜流一样柔和婉转，那您可以直接跳过此章节，进入下一章节的阅读。除非来自科幻小说，否则它极其冗长、丑陋和庸俗。"Le President de la République est ému d'avoir résolu le problème du chômage."（共和国总统因解决了失业问题而激动万分。），这样写，才更符合语言习惯。

这两个动词，émotionner 和 solutionner，可追溯到 19 世纪。在左拉的小说《娜娜》中不止一次地运用了 émotionner，如 La vue de Gaga l' **émotionnait**, ses yeux ne la quittaient plus.（他动情地盯着加加，目光一刻不离。）利特雷用"相当拙劣的风格"来形容这个"新生儿"。一个多世纪过去了，为什么不试着找找它的优点？很快，人们便看出了这两个笨重似牲口的词汇的优势：它们避免了像 émouvoir 和 résoudre 一类不规则的动词变位；再者，用前后缀粉饰过的"加长版"的动词还时髦流行。瞧，在比利时和非洲，人们"重新整顿"（réfectionner），却不仅要"翻修"（refaire）或"翻新"（rénover）；人们不再仅仅"完成"（finir）或"结束"（achever）一项任务，对其精益求精（peaufiner），而是要"完整落实"（finaliser），因为只有这样，其结果才臻于完美；瑞士的账目事件不会使某位总统"名誉扫地"（discréditer），而是让他"失去民心"（décrédibiliser），这无疑能使他免受牢狱之灾。这到底是语言自我丰富和变迁的结果，还是一种被技术化、平庸化和剥夺了人性后的人工新语（novlangue）？

---

① 一般来说，président 不大写 p（除非固定用法"共和国总统"，le Président de la République）。同样，ministre 一词也用不着大写，包括 premier ministre（总理）、ministre de l'Intérieur（内务部长）、ministre de la Justice（司法部长）等。小写字母将他们从云端拉回地面，一个他们本就归属的简简单单的平凡人间。

动词的变位饱含人性和生活，而标准化的整合在此处没有立足之地。有些动词有着神圣的来源和强烈的个性。若硬生排挤它们或将其并入大部队中，该是多么可惜！尝试着去热爱和称道它的与众不同吧！

人格分裂

先来应付一个每日都和我们臀部打交道的、隐含着双重人格的分裂症患者——动词asseoir（自1990年改革起，您也可以写成assoir）。《罗伯特词典》这样解释道：它的第一重身份即它的不定式单数变位（j'assois、tu assois、il assoit），而它的第一和第二人称复数变位（nous assoyons、vous assoyez）却土里土气，隶属于"通俗语"。它的第二重身份承袭了它的祖辈拉丁语sedere：j'assieds、tu assieds、il assied，即使它的复数变位变化不大：nous asseyons、vous asseyez、ils asseyent。

人们都说语言总向着更加简化的方向演变，但asseoir一词很可能是未来一完美的反例。单数中有-oi-结构的词汇要比含-sied的数量更多，更简单；但复数变位中以-ey-结构出现的形式被普遍接受。于是，我们会选择一种极其不规律的、其中含有-oi-/-ey-结构形式的变位，具体如下（黑斜体）：

表1 动词asseoir的变位

Asseoir	
J'assois	J'assieds
Tu assois	Tu assieds
Il/Elle assoit	Il/Elle assied
Nous assoyons	*Nous asseyons*
Vous assoyez	*Vous asseyez*
Ils/Elles assoient	*Ils/Elles asseyent*

这种写法离奇怪异，但至高无上。

有一点毫无疑义：动词asseoir将一如既往扮演那名精神分裂症患者的角色。

词根里的激进派

第三组动词词根的千姿百态已屡见不鲜。它们的变化频繁，以至于对地地道道说法语的我们来讲也会稍不留神就出错,更别说对学习法语的外国朋友了,那简直是另一版本的《贝施雷勒词典》。所以,动词 aller 含有三个词根不足为奇,它们分别来自三个不同的拉丁语词:ambulare(意为"闲逛")提供了词根 all-,vadere(意为"走,离开")提供了 va-,ire(意为"去")提供了将来时和条件式中的词根 ir-。它是个混血儿,一头语言神兽(chimère,希腊神话中狮头、羊身、龙尾的怪兽),一位在动词变位世界里的科学怪人(Frankenstein)。

　　大量动词视词根变化为娱乐消遣,尤其是单数和第一与第二人称复数变位,如 je viens / nous venons;je reçois / nous recevons / ils reçoivent;等,这样做似乎并未引发不快。真该走上街头抗议示威!我们曾经的确为了减少词根掀起了场革命,但却在某些生僻怪异的词根上打了退堂鼓,乖乖地服从,如 je bois / nous buvons / ils boivent 或 je meurs / nous mourons。

　　换句话说,一旦碰到了罕见的动词,我们则变得保守起来。任意考察您身边的一些朋友关于动词 acquérir 进行直陈式现在时的变位知识(无需涉及将来时和简单过去时),他们很可能在 j'acquiers 和 nous acquérons 上磕磕绊绊。最乐观的理想主义者可能会指望哪天出现个叫 acquisitionner 的动词,由名词 acquisition 变来。

　　那么,résoudre、dissoudre 和 absoudre 这三个动词的变位情况又如何呢?复数词根 solv-(résolvons、dissolvez、absolvez)未必百用百灵,即便从词源上看,它当之无愧:它来源于拉丁语 solvere。

　　至于动词 moudre(研磨),要想成功变位,得先处于疯狂的状态。单数变位 Je mouds、tu mouds、il moud 倒不成问题,但复数形式 nous moulons、vous moulez、ils moulent 却让我们想起动词 mouler(铸造)以及它的拉丁语词源 molere,尤其是我们的"磨盘"(meule)、"磨坊"(moulin)和"磨碎的"(moulu)咖啡。目前,除卷起了盈利狂潮的咖啡胶囊之外,其他类似的粉状食品怕是不多见了。

　　再给您出个古怪的小测试:您是否能流利地将动词 mouvoir(移动)变成现在时,再变成将来时? 这是有困难的,对吗? 按照它的词根来,我们有 je meus、tu meus、il meut、nous mouvons、vous mouvez、ils meuvent。它那富有普遍性的将来时也不能落下:je mouvrai、tu mouvras。还可以再去回顾一下它几乎绝迹的简单过去时(je mus、nous mûmes),我们会在随后的章节中再进行讨论。以及它的过去分词形式,宛如任凭女歌唱家摆布的强音:mû、mue、mus、mues。但我们将不会那样做,只是满足地安慰一下自己:"对语法的爱助我'前行'(meut)。"

　　那么,上述这类变位方式是否只限制于第三组动词? 绝大多数情况是这样,但也并非完全如此。有时,甚至第一组的部分动词也跟着掺和进来。之前我向您处处吹嘘古法语所筑建的书写天堂,怎么发音就怎么拼写,但此刻我只好认罪:我隐瞒了真相,因为这片正字法的原始乐园不包括拉丁语离开时留下的一地狼藉——

动词变位。这一切皆因拉丁语的重读所掀起的一场语音革命。于是，第一组动词，如 peser 从此便有了 tu poises 和 vous pesez 两种词根；espérer 便有了 tu espoires 和 vous esperez；trouver 则变位成了 tu trueves 和 vous trouvez。有些摈弃了元音，如拉丁语 parabolare（该词本身又源于希腊语 parabolê，意为"比较"）逐渐简化为 paroler，第二人称单数变位为 tu paroles，而复数则是 vous parlez。再如 disjejunare（开斋），随后演变为 desjuner，变位成 tu desjunes 和 vous disniez。我们从这两个变位中能迅速捕捉南方与北方在午饭（déjeuner）和晚饭（dîner）时间上的分歧。只要就餐期间供应了巧克力面包（pain au chocolat 或 chocolatine），那么这分歧就完全坐实了。

词根的荒诞无常（更不用提及词尾的变化）涉及法语大部分动词，仿佛每个单词都需要做特殊记忆……除了讨伐非基督教徒的十字军东征和将盎格鲁人赶出法国领土的百年战争，那时候还有什么值得人们拿来打趣的谈资呢？

告别养老院

在青年主义大行其道、年龄歧视横流于世的当今，我们依旧能随处听到支持"年迈者""长辈们"和"老祖宗们"的呼声。词汇的世界亦如此。年代久远的变位形式遭到摈弃，无人问津，而它们却满载着丰富的故事，热切地想与我们分享。就拿 choir 来说，它是语言里的一种缺项动词，即只拥有部分变位形式的动词。Choir 严重缺胳膊少腿，而那残存下来的变位形式也已不再使用。让我们回溯那些年，沉浸到孩童时代糖果玫瑰色的童话故事中去。《小红帽》里的奶奶和狼都说过："拉拉门把手，门闩闩就落下了。"（Tire la chevilette et la bobinette **cherra**.）对孩子们来说，这是个多么奇幻神秘的听觉体验！单词 cherra 是不是难以理解？它其实就是 choir 的动词变位：elle cherra 意为"它将落下"。类似的词根变化在复合词 échoir 和 déchoir 中再次出现，它们分别提供了单词 échéance（期限）、déchéance（衰退）和 déchet（残渣）。您若想在使节的舞会上大放光彩，可以先谨慎地寻找"合适的情况"（s'il échet），这是个过时的司法用语，意为"如有需要"（le cas échéant）。单词 choir 与 tomber 之间残酷的竞争始于 15 世纪。毫无疑问，这位老干将已奄奄一息，它漫长持续的"衰落"（chute，为 choir 早期的过去分词）也和人类一样，终将走向消亡。

这批年迈力竭的老者中不乏性格俏皮的动词，若对它们不管不顾，任其衰亡，将多么可惜。比如动词 gésir（意为"一动不动地躺着"），除了用于现在时和未完成过去时，只出现在词组 ci-gît（长眠于此）和陵墓卧像上（gisant），颇具讽刺味道。

我尤其喜欢这两个动词：一是 chaloir（和 chaleur 来自同一拉丁语词源），与"引进"近义，它只出现在固定句式 Peu me chaut，意为"事不关己"（或"这事无关痛痒"cela me fait ni chaud ni froid）；它还有一个虚拟式，如 bien que peu me chaut（尽管这与我无关），这句话比起 je m'en fiche（我懒得理）或 je m'en fous（关我什么事）要文雅得多。一是 messeoir，您肯定认识这个古老的词，中间的 seoir 意为"适合"（être séant），是单词 asseoir 最初的形式。Messeoir 为它的反义词，那么，il messied 的意思是"不应""不恰当""不合时宜"；在为数不多的使用情况中，人们通常将它用于否定句中，如，Il ne messied pas que vous travailliez（您现在工作也不是不合适）。这么讲虽显得不那么咄咄逼人，但 faut que vous bossiez（您该工作了）要比它容易理解多了。

　　这批老古董里的最后一件激起了我一阵几乎狂热的爱恋。雷蒙·德沃克的粉丝们都能意识到，它便是动词 ouïr（听），源于拉丁语 audire。这样我们想起幽默诗人的那篇小喜剧《侧耳听》：

　　L'oie oit. Elle oit, l'oie! Ce que nous oyons, l'oie l'oit-elle? Si au lieu de dire "l'oreille", on dit "l'ouïe", alors：l'ouïe de l'oie a ouï. Pour peu que l'oie appartienne à Louis："L'ouïe de l'oie de Louis a ouï." "Ah oui? Et qu'a ouï l'ouïe de l'oie de Louis?" "Elle a ouï ce que toute oie oit ..." "Et qu'oit toute oie?"①

　　恰恰相反，ouïr 并不是缺项动词。它是高龄和不规则变位的受害者。可它既不乏味陈旧，也不拖沓恼人。它的现在时已是十分美妙：j'ois、tu ois、il oit、nous oyons、vous oyez、ils oient。这位有那么点儿精神分裂迹象的男士还为自己谋得三种将来时：j'ouïrai、j'oirai 和 j'orrai！人们用 entendre 和 écouter 代替了它，留下了多少遗憾！

　　当然，语言本应不断演变。和人类的命运相似，词汇总不停地出生，成长和消亡。可当意为受人爱戴的老先生撒手人寰时，我们也不禁潸然泪下。

---

① 那只鹅在听，它正在听，那只鹅！咱听到了什么，鹅也能听得到？若不用"耳朵"一词，而用"耳"，那么鹅的耳听到了声音。若这只鹅属于路易："路易的鹅的耳听到了声音。""噢？那路易的鹅的耳听到了什么声音？""它听到了所有的鹅能听到的声音。""那所有的鹅的耳听到了什么声音？"

缺项动词

现在，您尝试将动词 soustraire（减）变位成简单过去时，或者将动词 frire（油炸）变位成直陈式现在时的复数形式。这是否难倒了您？

写不出来也很正常，它们本就是法语的缺项动词。动词 frire 没有现在时的复数变位。若一个人下厨，那就一个人炸；若几个人下厨，那就得说 nous faisons frire 或者 nous sommes en train de frire。

由 traire 形成的动词（extraire, soustraire）没有简单过去时，所以，我们要用近义词或复合过去时来代替它们，如 j'ai soustrait。而更让人意想不到的是，常用的口语化动词 foutre 也没有简单过去时（即便有些作家会用 je foutis 表达法）。部分动词由于缺胳膊少腿，仅剩下零星几种变位形式，如 sourdre（意为"涌出"）就只保留了第三人称单复数变位：il sourd, ils sourdent；动词 apparoir 时法律里的古老词汇，仅剩不定式和直陈式第三人称单数形式 il appert，意为"是明显的"（il est evident …）。

最后，某些强硬派动词甚至一路走到头，仅保留一种形式，如短语 sans coup férir（轻而易举）中的动词 férir，en faire accroire（欺骗某人）中的动词 accroire，过去分词为形容词的 bienvenu, émolu（来自古老动词 émoudre），éperdu（来自古老动词 éperdre），issu（来自古老动词 issir），portrait（来自古老动词 portraire）或 reclus（来自 reclure）。部分不定式甚至演变成了名词，如名词 le plaisir，源于动词 plaisir，而后者源于古老动词 plaire。

无独有偶，双宿双栖

——双辅音

"我们是如何演变成今天的样子的？"这个问句问的我措手不及，如同一把从断头台上落下的铡刀，一场突如其来的灾难。我们的书写到底是怎样走到了今天这等复杂的程度呢？语言学家们为其劳心伤肺，语法学家们自我安慰，而我则嬉戏其中、流连忘返。它是个庞大的集市，人们既能为之叹息，也能拿来调侃打趣。我选择了后者。自那起，事情竟变得越来越好。谢天谢地！

双写辅音就是这乌烟瘴气的一团混乱中的典型例子。严格意义上的正字法，即被相机定格在了字典里的拼写法，并没有非常明确的规则。它性格调皮古怪，一般不会轻易地被驯服。它自带脾性、纷繁万变、桀骜不驯，毫无惧色地扬言自己从未在双辅音上"绊过脚"（achopé 还是 achoppé）。还有那"信封"的拼写，是 envellope，envelope 还是 enveloppe？离"封"癫也就一步之遥了。试问，如何不感到"困惑为难"（是 embarassé 还是 embarrassé），如何才能避免掉入"陷阱"（attraper 还是 attrapper）？

这杂乱无章的背后尚存着某些原因，或至少留有一丝理清这一切运作规律的期许。毕竟，并非所有的词汇书写都如此随意无章法，那添加的前缀就通常符合人们的逻辑思维，像一个遭遇海难、沦落木筏求生的船员，随波逐流。但您随后会发现，正因为后缀的加入才逐渐搞砸了整个局面。至于其他的词汇，您则需一如往日的追溯到——您猜到了——拉丁语。那个时候，一切井然有序，纯洁完美，俨然拼写里的一块净土。后来，一声爆裂，摆在您眼前的将是法语与众不同的拼写与其平淡无奇的祖辈之间的差异。

我突然感到您脖子一紧，拼写的强压僵硬了您的四肢，书写引起的疼痛让您渗出冷汗。请放松，我将为您解答一切。

前缀里的智慧

如果您对双辅音心存几丝忧虑，无需跑趟心理咨询所。先向可依赖的事情寻求出路——前缀。这些短小、无法单独存在的词汇端头必然揣着双辅音的命运，像 in + nommoble 合成了 innommable，而 in + onde 则合成了无需双写的 inonder。

某些前缀会被"染成"其尾随辅音的色泽。若在课堂上讲解这一语法点，我们会称它为"同化现象"。因此，前缀 in 在辅音 l 前会被同化为 il，在辅音 m 前会被同化为 im，在 r 前会变为 ir，进而有了双写辅音的现象。如，in- + légal 则为 illégal，in- + mortel 则为 immortel，in- + réel 则为 irréel。在约六成，更乐观地说，在近七成的情况下，分析词汇构成是准确书写的关键。我还记得那位国民教育部长兼哲学家启动了大量小学教育项目，开展扫除"文盲"(illetrisme)的活动。人们会时常忘记自身的优势，转而向别处寻求支援，但谁说"修鞋匠总穿最差的鞋"？分析动词本身就是破解问题最便捷的方法了。

同样，前缀 ad-，con-，ob- 和 sub- 也遵循上述规律：ad- + lait 形成了 allaiter；con- + labeur 形成了 collaborer；ob- + pression 形成了 oppression；sub- + fixe 形成了 suffixe。值得注意的是，这种同化现象始于拉丁语，并在古法语里一直持续着。

您于是觉着，它有章可依。其实，正字法虽被人们鼓吹成满载着奇妙和魔幻的天堂，而人们最终发现里头只住着位身患精神障碍的老妇人。如，我们如何解释 alléger（减轻）和 alourdir（加重）的拼写方式？前者里的双写 l，难道看上去不会更加沉重？而后者里单一的字母 l，难道不显得更加轻巧？心理美学的判断总是那么魅力无穷，引人注意，也是因为它们带有一定的主观色彩。而历史的诠释通常更使人信服：alléger 来源于拉丁语 alleviare（虽然在 12 世纪的文字书写中，我们的确发现了单个 l，像克雷蒂安·德·特鲁瓦就把它写成 alégié，它遵循中世纪的拼写规则，怎么发音就怎么拼写），正是拉丁语张开双翼向我们飞来。动词 alourdir 又是另一个历史渊源：这个动词生在法语词汇 lourd 的土壤上，借法语前缀 a-而非 ad- 形成 alourdir 一词，这就解释了这里单个 l 的原因。该词至到 16 世纪才产生，可是，在 1767 年，狄德罗又将它写成了 allourdir……可真逃不出双写的魔掌呀！

这一现象完美地解释了看似不规律，却是从同一模子铸成的一系列词汇的拼写畸变。如 allaiter（源于拉丁语 allactare）和 aliter（a- + lit，意为"使……卧床"）；aggraver（源于拉丁语 aggravare）和 agrandir（a- + grand，意为"扩大"）；apparaître（源于拉丁语 apparescere）和 apercevoir（a- + percevoir，意为"瞥见"）；attendre（源于拉丁语 attendere）和 atermoyer（a- + terme，意为"拖延"），等。但是，法语之所

以为法语，正因其不可捉摸、难以把握，所以上述规律也不是每次都管用。如与动词 atterrir（a- + terre，意为"在陆地降落"）相对的动词 amerrir（a- + mer，意为"在海上降落"）。

后缀的世界一片混沌

法语的后缀甚至能自成一次毕佛听写比赛！原因是，所有后缀都有例外，没有一条规则能贯穿始终。某些新词很难有稳定不变的书写，比如"步行"，是写成 piétonnisation 还是 piétonisation？"废品处理"，是写成 déchetterie 还是 déchèterie？别紧张，上述形式都正确。

下面给出几个例子，来估量一下它引起的词汇动荡：

• 后缀-ade（一般双写 n）：rognonnade，例外是 oignonade；citronnade，例外是 limonade；

• 后缀-nat（一般双写 n）：championnat，例外是 patronat；paysannat，例外是 assistanat；

• 后缀-al（一般双写 n）：professionnalisme, institutionnaliser, constitutionnalité，例外是 nationalisme, rationaliser, régional；

• 后缀-on(n)iste, -on(n)isme（一般双写 n）：abstentionnisme, illusionniste, protectionniste，例外是 platonisme, violoniste, feuilletoniste。

不难看出，词汇虽朝着双辅音演化，但例外也有不少！

再如，以-an 结尾的某地居民，变为阴性时通常为-ane，如 Bressane、Cordouane、Padouane、Pisane、Sévillane 等，但 Valaisanne（瑞士的瓦莱州人）却是个例外。人们都清楚瑞士人的钱包鼓鼓、生活富足，但肯定不曾想到这样的富足竟都流露于辅音的充沛上。

这会儿我又想起近来国民教育部长在一宪兵学院签署的"金书"，强调他们的"砖业性"（professionnalisme，写成了 professionalisme）。字母 n 为何总这么多事？

风靡的后缀-ot(t)e

后缀-ot(t)e 像件小饰品，是混乱的典型制造者，被词汇拼写的大佬们捧上了

83

天,因其荒诞怪异、变化多端,那些保持警惕的(同时也饱受折磨的)词典学家们不停地尝试着磨圆它的棱角来做个了结。

过去,情况大概是这样的:在以-oter结尾的约80个动词里,大部分的书写只含有单个t,如cahoter、ligoter、papoter、peloter、trembloter、zozoter等;其余的动词双写t,如ballotter、dansotter、frisotter、garrotter、grelotter、mangeotter等。真是让人伤脑筋。

后来,因1990年的改革和词典学家们在这方面的努力,所有迄今只含有单写t的名词变为动词时都无需双写,如ballot→balloter, garrot→garroter, grelot→greloter等;若名词本身含有双写t,动词也相应地双写t,如culotte→culotter, flotte→flotter, menotte→menotter等。

此外,在书写单词pâlot(t)e、vicillot(t)e和manchot(t)e时,您是否会拿不定主意?语法规则要求小词缀-ot在变阴性时双写t,即-otte,如jeunotte、pâlotte、vieillotte、boulotte等。当然,肯定有例外,它们是fiérote和petiote。其余的阴性形容词均只单写t,如bigote、idiote、manchote等,还有两个例外:sotte和griotte。处处成双成对,直击要害。

最好的消息是,改革者们半分未动那些陷阱重重的形容词。于是,我们相比之前,依旧寸步不挪、止步不前。

这一切都如此美妙,我听到了您的喃喃低语。但褒奖归褒奖,我们到底该如何解决这双辅音的问题呢?两种方法:要么您放下心中的疑惑和忧虑,指望您傲慢的好运;要么仿照我,拿来沓小卡片,记下一串串词汇,直到它们都被灌倒了脑袋里。"这可就让我左右为难了",(Entre la peste et le choléra,直译为"要鼠疫还是要霍乱",用来指代在两个同样不令人满意的选项中做出抉择)您道。或者,就像有天一个学生写道:"要鼠疫还是要胆固醇?"(Entre la peste et le cholestérol)她肯定对那世纪之恶——心脑血管疾病——了如指掌。

从拉丁语到法语,如痴如醉

法国人(Le Français)——指居民,因首字母大写——之所以对双辅音情有独钟,是因为遗传基因的缘故吗?当然不,科学研究者至今尚未发现这种基因。但是,请您驻足餐厅或留意电视里的厨艺节目。您保准会发现菜单里书写错误的"葱"(échalotes,写成了échalottes)和"菌"(pleurotes,写成了pleurottes)也许会带来更多的味道。说到"葱"和"菌",这两类营养食物还有令人垂涎的词源:"葱"来自巴勒斯坦阿什克隆地区(自1948年,归属于以色列),源于拉丁语ascalonia,意为

"阿什克隆的洋葱";"菌"来源于希腊语 pleuron(意为"旁,侧")和 otos(意为"耳朵")。

我们不如来看看强势的语言习惯:法语里含有一组或多组双辅音的词汇何其多!如果我们排除双写 l(尤其是-ill-结构)和起改变发音作用的双写 s,那么,法语中最频繁出现的双重辅音要数双写 n。幸好,我们能用语音和历史来解释这个现象:拉丁语中,除了自带前缀的词汇,其余的词汇里并没有像法语一样,有如此常见的双辅音,如拉丁语 bona(法文是 bonne),sonare(法文是 sonner),homo、hominis(法文是 homme),honor(法文是 honneur),等。但在 11 到 14 世纪之间,元音逐渐被鼻音化了,soner 后来读成了/son nez/,人们于是双写 n,让前一个 n 代表鼻化元音,后一个 n 开启下一个音节。但在接下来的两个世纪中,这些元音又被取消了鼻音化,我们读成了/son-ner/。它依旧保留双写 n,发音如鸣佩环,清脆绕耳。今天,这一对 n 完全退化,而书写方式得以延续。就像我之前和您讲过的一样,书写和发音之间错过了三趟列车。

四分五裂的词汇家族

像这类由于鼻化元音而需双写辅音的现象并不普遍,否则事情还会更加滑稽。晚期出现的词汇没有经历这个演变的过程,也因此更接近它们的拉丁语祖先。这就可以解释 sonner 家族词汇里的一团糟(没有别的词更适合形容它了)。来辨别下列两组词:双写 n 的单词,如 sonner、sonnerie、sonnette、sonneur、résonner、malsonnant、consonne 等;单写 n 的单词,如 assoner、assonance、consonance、dissoner、dissonance、résonance、sonore、sonorité 等。

同样,其他四分五裂的家族也使我们满怀喜悦的激动(还是使人恼火的激动?),如 donner / donateur,monnaie / monétaire(该词来自朱诺·墨涅塔 Junon Moneta 王后的警告,人们在她的神庙旁打制货币),honneur / honorer,homme / homicide,等。

在某些棘手的情况下,我们的确很难破解它那离奇的单双写,如单写 l 的 imbécile 和双写 l 的 imbécillité(与拉丁语 imbecillis 书写保持一致,意为"无支柱、无依赖",源于拉丁语 bacillum,意为"棍棒",也同时创造了 bacille 一词);双写 m 的 bonhomme、prud'homme 和单写 m 的 bonhomie、prud'homal(与拉丁语 homo 书写一致);双写 t 的 combattre(与拉丁语 cumbattuere 书写一致)和单写 t 的 combatif;双写 r 的 charrier(与拉丁语 carrus 书写一致)和单写 r 的 chariot(利特雷曾极力建议法兰西学士院使用双写 r);双写 f 的 siffler 和单写 f 的 persifler(与拉丁语 sifilare 一致);双写 p 的 trappe(和法兰克语 trappa 书写一致)和单写 p 的 attraper;等。

2×2 重辅音

  虽然法国人爱双重辅音,但他们一旦双写了一次辅音,便会认为——通常无意识地——事情已结束,无需多加斟酌。人们就这样忘了单词 assommoir 或者 raccommoder 中还有对字母 m;误将 carrosse、occurrence 或 marronier 拼写成了一个字母 r。那由男爵设计的巴黎建筑群的风格——奥斯曼风格——是写成 hausmaniennes、haussemaniennes、hausmanniennes 还是 haussmanniennes? 您找出来了,祝贺! 有正字法里的尤金[①]在侧,您大可高枕无忧矣!

---

  ① 此处的 Eugène 指代 Eugène-François Vidocq。维多克在拿破仑的统治下创建了巴黎警署,他早年在巴黎与周边省份与匪徒们的生活为后来巴黎警方破获案件提供了大量线索。

常见疑难解答（四）

"瞧，我们即将在今夜的尾声顺利地学完这本刺激的（tout excitante）著作。"

等！表达法 tout excitante 书写得正确吗？在阴性词前的 tout 什么时候不用进行配合呢？

通常，在形容词前，副词 tout 是不做任何变化的，因为它的意思是"完全地"，如 Elle est tout étonnée d'avoir compris cette règle。

但问题来了，我们为什么又会说"Elle est toute fatiguée"或者"Elle est toute gentille"？这里的 toute 不就变化了形式吗？

的确，位于辅音开头的阴性形容词前的 tout 是需要进行配合的。在中世纪和古法语里，副词 tout 是变化的（您还记得拉辛的《菲德尔》里的那句"C'est Vénus toute entière à sa proie attaché"吗？），现代法语规定 tout 在辅音前进行配合，正是之前规则的延续。

那么，如果遇到了字母 h，又该如何取舍呢？我们把 h 当作辅音，还是将其至于一旁，不用理会？答案在于字母 h 本身。

在某些情况下，它形存实亡，我们称之为"哑音"，如 Elle est tout habillée de caca d'oie。那么，我们如何确定它到底是不是哑音呢？能够联诵［des（z）habits］

和省音（l'habillement）的词汇都是哑音。它们往往来自于希腊语或拉丁语（包括 habile、hébété、honnête、humain）。此时，tout 保持不变，像 Elle est tout hirsute。

而有时候，字母 h 为送气音，即"嘘音"，算清辅音的一种，如 Elle est toute honteuse，而 honteuse 既不能联诵（les / hontes），也不能省音（la honte）。这类形容词通常来源于日耳曼词汇。在日耳曼族的语言里，字母 h 表示呼气，气流送出口腔（包括 hagard、haineux、hargneux、honteux 等）。此时，tout 需要和阴性形容词配合，如 Elle est toute hâlée。

证毕。

先进的复合词

——复合词的复数

若我学习法语时产生出一种古怪而又值得称赞的想法,那么它定是一种能让我避免复杂、简化一切的语言规律,如同黑洞之熵或政客口里的官腔官调。

哎,我对物理一无所知,而对法语过于爱不释手,无法看着它殓藏于虚伪的人工新语中。忙于这些有趣的复合词不无欢乐,我心满意足。对于热爱语法的人来讲,它饶有趣味、引人入胜;而对其他人来说,则可想而知有多么繁复冗杂了。

连字?拆分?

首先,连字符总爱捉迷藏:要不要在 Moyen Age 和 château fort 里添一个连字符?应不应在撒有四季豆(petits pois)的方块蛋糕(petits fours)上添一笔?在耳鼻喉学科领域(otorhinolaryngologie)求学的本科学生(postbac)需要焊接这些词汇吗?别动气:它通常受任意原则的支配,就像我们之前看到的一样。

应指出,与人们所想相反的是,词汇焊接远非罕见,它作用于"古老的"复合词中,如 gendarme、pissenlit、vingaigre、aparté[①] 和希腊-拉丁语的复合词中,如 cuniculicultueur、hypercholestérolémie、automysophobie[②] 等。它不愧是最伟大的魔术师变出的戏法,尤其用来解决复合词变复数的困难,如 des gendarmes、des pissenlits、des vinaigres,des apartés 等。当然,复合词里也有例外,要想准确地进

[①] 它们分别出自 gens d'armes、pisse-en-lit、vin aigre 和意大利语 a parte。

[②] 单词 le cuniculicultueur 指的是可爱的小白兔饲养员;而"洁癖症"指的则是不那么讨人喜欢的、惧怕肮脏或感到焦虑的强迫症。

行配合也得费尽周折,因为正是词汇焊接才让复合词变得模糊不清。如,monsieur 的复数 messieurs, gentilhomme 的复数 gentilshommes, bonhomme 的复数 bonshommes(而不是 bonhommes,除非当它作形容词使用,如"和善的举止"des allures bonhommes)。

花菜(choux-fleurs)不提供人寿保险(assurances-vie)

  复合词里的大部队——或者是最引人注目、大张声势的那部分——由连字符构成。我们不禁要问,是哪个头脑错乱的语法学家创造出了这错综复杂、过分细化的配合规则?是用何等邪恶的手段才能将它打造成这般超乎寻常的繁复微妙?也许是一名法兰西院士,酒醉于孔蒂港旁的一场聚会后,决定投身语法最隐晦的角落之中,以此报复人类……

  复合词变复数的规则被精雕细琢。然而,您仍可以十分体面地从中脱身,只要您稍加留意那些奇怪的、s 形的小毛虫。您只需想象一下参观动物园或更高级一些,参观生态园即可。有些动物既使您毛骨悚然,又让您赞不绝口。

  要学会使用,就必须先认识它;要认识它,就必须懂点儿心理分析术,挖掘它们深沉的自我,用不那么弗洛伊德式的讲法,叫词类。每一个小毛虫都有独自的个性,若要与之配合,非得奉承谄媚一番不可。

  来看看最简单的例子:chou-fleur 和 bar-tabac。前者无疑更有益于健康,但这两者在语法系统里的形式一致,都是名词+名词。一个名词,与自身配合;两个名词,均需配合。总的来说,当复合词由两个名词构成时,它们都要变为复数。我们也可以用"加号"或"和"来替换连字符。如 bar-tabac 可写成 un bar + un tabac 或 un bar et un tabac,所以,它的复数为 bars-tabacs。

  然而,当代语言和人类社会一样,热衷于速度。和英语一样,它喜欢略过一些累赘多余的小词,而将剩余的多个词并置。如 une assurance-vie(寿险,原为 assurance sur vie,意为"生命保险"),une année-lumière(光年,原指 une année de lumière,意为"一年的光距"。也是语言纯粹主义者所提倡的书写方式),un kilomètre-heur(公里/小时,原指 un kilomètre par heure)。您了解它的规律了吗?这些复合词里的两个词并非处于同一地位,一方通过前置词而依赖另一方,因此,它们不做配合,如 des assurances-vie、des années-lumière、des kilomètres-heure 等。同样,我们有 des timbres-poste(邮票,原指 timbres pour la poste,意为"供邮局使用的邮票")或 des petits-beurre(奶油方糕,原指 avec du beurre,意为"用黄油制作的小方块面饼")。大部分复合词——再次感谢利特雷——保留了介词,于是,在名词+介词+名词结构的复合词中，第一个术语则需要进行配合，比如 des arcs-en-ciel、des culs-de-jatte、des chefs-d'œuvre、des crocs-en-jambe，除非它们源于词组，如 des pied-à-terre（落脚处，原指 de mettre pieds à terre，意为"把脚放地上"）、des face-à-face（辩论，源于 être face à face）、des pot-au-feu（汤锅，原指 mettre le pot au feu，意为"把锅置火上"）。

对于形容词，无论前后位置，遵循同样的因、同样的果，它们都需要配合，如 des rouges-gorges、des ronds-points、des coffres-forts 等。但也有两个例外，一是含有方位词，如 des Nord-Coréens、des Sud-Américains，二是当形容词超出了它扮演的角色，用作副词时，如 des haut-parleurs，原指"高声地"说话的人（quelqu'un qui parlent hautement），而非"大声的"说话者（parleurs hauts）；再如 les nouveau-nés，指的是"刚刚"出生（nouvellement nés）的婴儿①。还有些更加微妙的：des pur-sang，无论如何都不变化，因为它是简化后的短语 chevaux ayant le sang pur（有纯正血统的马）②。复合词有时是一种换喻，一种形象化的语言风格，旨在用一个与所指存在紧密联系的概念来代替所指事物。如 boire un verre（喝一杯，用"容器"指代"内容"），croiser le fer（刀剑交锋，用"材质"指代"物体"），lire tout Harry Potter（读完"哈里波特"，用"人物"指代"作品"）……这些地方都不加 s，原因是我们只取其中一小部分，还不足以促成一个完整的复数。但这条规则并非处处行得通。于是，红喉雀的复数写法是 rouges-gorges，这类有高超本领的奇特的小鸟可谓鸟中的白领层（cols blancs）。

卖 SUV，持生态拼写之情操

想象一下，虽然您厌倦了拥堵的车况以及高昂的停车费、修理费和燃油价，但因我们时代产生的种种生态问题，一股崇高的情操油然而生，于是您决定发布一小则公告，转卖您的 SUV 越野车③；再想象一下，受那股崇高情操的驱动，您希望前述的那则公告里的文字无半点错误：试问，您将如何处理"保险杆"[les pare(s)-choc(s)]、挡风玻璃上的"刮水器"[les essuie(s)-glace(s)]、"靠枕"[les appuie(s)-

---

① 不同于 premier-né 和 dernier-né 这两个可进行形势配合的复合词，un niveau-né、des nouveau-nés、des nouveau-nées 和 mort-né 一样，形式始终保持不变。但最近的部分词典里，如《小罗伯特词典》，提议将所有词都进行性数配合：des nouveaux-nés，des nouvelles-nées。

② 《小罗伯特词典》也提议将之前不作更改的 des pur-sang 变成 des purs-sangs。

③ 我们不再说"4×4"，因为它太污染环境了（别那么渴求了，毕竟 SUV 和 4×4 看上去并不是完全一回事）。

tête(s)]和车窗玻璃的"升降器"[les lève(s)-vitre(s)]?

以下是两种解决方案：

- 放弃保护生态的理想；
- 放弃完美拼写的理想。

或者，您是位狂热的空想主义者，您坚定立场两手抓，就像人们今天常说的（Donnez tout et ne lâchez rien，"全力以赴，不言放弃"）。这句话里最滑稽的事莫过于两个人们认为互为反义的词汇 donner 和 lâcher 竟成了近义词。您稍作思考，上述四个词 pare、essuie、appuie 和 lève 都已进行动词第三人称变位。看上去它们不应与名词一样变成 + -s 的形式。当它们形成复合名词的时候，看上去也不应将它们和动词一样变成第三人称复数变位 + -ent 的形式。那如何解决这一语法难点呢？最简单的方法是什么都不做，将它置于一旁：依据动词 + 名词结构，动词在复合名词中始终保持不变：des pare-chocs、des essuie-glaces、des appuie-têtes、des lève-vitres。刹那间，您那出于呵护生态拼写的情愫回归平静。您卖了那辆SUV，换了辆装有"行李架"(porte-bagages)的单车。

注意：

上述规则在旧货集市上也同样适用，如洗衣机、毛巾架、切菜机、开瓶器，它们分别写成 les lave-linges、les porte-serviettes、les hache-légumes 和 les ouvre-bouteilles。

巡逻船上（garde-côtes）的海岸警卫队（gardes-côtes）

在复合词的奇妙天地里，怪诞从不缺席。更无需提及某些怪异的复数，它们通常是已不再沿用的语法规则遗留下的痕迹，如 des ayants droit（权利享有者，该词的现在分词曾经需要进行配合，司法界的奇趣词汇依然延续着古风古调），des credits-bails（租赁，虽然我们也说 baux），des terre-pleins（土堤，pleins de terre，意为"遍布着泥土"），des laisser-aller（放任，laisser 和 aller 为动词不定式，无需变位），des allers-retours（往返程，此处的 aller 是名词，并非不定式，需进行配合）。

再来看看：我们如何将 garde-côte 变为复数呢？您猜对的几率是1/4。其实，按含义分类，它有两种复数形式。若 garde 指人，即 garde 为名词，对这类名词 + 名词结构的复合词我们在前面是如何解释的（对于一直跟着此书脚步的阅读者来说）？它们需要配合：des gardes-côtes。但如果它指代的是用于海岸巡逻的船舶时，变位动词 garde 则无需变位：garde-côtes。这到底是无与伦比的精确细腻让我们的语言大放异彩,还是人为添加的错综复杂使它令人生厌?用您的心灵和认知来判断。

因此,我们会将"铁路道口看守员""乡警""病人护理员"分别写成 des gardes-barrières、des gardes(-)champêtres、des gardes-malades(即便那出名的办公软件不同意这样的写法,把它标了红),而将"栏杆""自存仓""衣柜""挡泥板"写成了 des garde-fous、des garde-meubles、des garde-robes 和 des garde-boue(s)。

等等!最后那是什么词?单词 boue 后面的括号里有个 s? 这又是个什么样的故事呢?本想着偷偷摸摸、安安静静地跳过此处旮旯,但既然您瞧见了它,我就来谈谈。

若我们换个角度,转从词义来分析这些复合词,依照缩减句子的方式(这也是某些语言学家所反对的:名词就是名词,简单明了),我们应充分解读动词后的名词。那么,复合词"挡泥板"[des garde-boue(s)]是挡住了"泥浆"(la boue)还是"那摊水泥"(les boues)?"吉祥物"[porte-bonheur(s)]给您带来了"吉祥"(du bonheur)还是"祥兆"(les bonheurs)?"遮光罩"[les abat-jour(s)]是遮住了"白天"(le jour)还是"那些日子"(les jours)?一切都涉及修辞,单数明显占优势。Des garde-boue、des porte-bonheur、des abat-jour 似乎更符合常识。但这是不是始终行得通?当然不。瞧,des passe-montagnes(风雪帽)帮助我们征服了"大山"(la montagne)还是"群山"(les montagnes)?"代言人"[les porte-parole(s)]是自傲地代言领导们的"话语"(la parole)还是"一切言论"(les paroles)?到底该如何判断?

一些字典索性规定:在任何情况下,您都可以将单数名词变为复数,于是我们也有 des garde-boues、des porte-bonheurs、des abat-jours。这些复数组合词也同时为 1990 年正字法的校正者所提倡。您可以自行决定了,机会不多,失不再来!但什么样的选择便代表着什么样的态度:按 1,支持语法学家,即传统派;按 2,支持语言学家,即改革派。您会投哪个呢?

grand- 的委屈史

　　由 grand 形成的复合名词不是因法兰西院士的误判而犯下的错,也至少因其引发的混乱而蒙受不平。这是怎么回事呢?古法语里,形容词 grand 本来阴阳同体(原因很简单,它们的拉丁语词源 grandis 就是阴阳同体)。但在 16 世纪,通过与其他形容词的类推和比照,字母 e 也就顺其自然地加到了它的阴性形容词词尾,而不少语言学"专家"就此认为,在复合词里一直留存的单词 grand 也是一种简写形式(语法上我们称之为"尾音节省略",法语是 apocopée)。这样一来,他们就用省文撇表示尾音节的省略,于是我们有了 grand'mère、grand'place、grand'chose、grand'rue;而阳性词就写成了 grand-père、grand-oncle!

　　那些院士们害怕自己的院士服不保,来了个一百八十度大转变。于是,在 1694 年的字典里,那矗立在孔蒂码头的"老妇人"(指法兰西学士院)——恕我冒昧——晕头转向,丧失了理性,同时认可了三种形式的书写:grand'mere、grand'tante 和 grand-mere、grand-tante 以及 grandmere、grandtante。到了 18 世纪,她又建议挪走连字符,变成了这样:grand mere、grand tante。直到 1935 年,她才最终规范了阴性形式的书写:grand-mère、grand-tante。

　　那么,它们是如何进行数的配合呢?即使经过了数次调整,字典对这个复合名词的复数形式依旧拿捏不定。某些规定 grand 保持不变(des grand-mères),某些规定配合规则要与阳性的一致(既然有 des grands-pères,就该有 des grands-mères)。结果,现在的人们经常用 des mères-grand!

独腿者不需要擦鞋垫

　　合成词的复数形式值得称赞,但它们的单数形式却遭人诟病。您不妨向一独腿者探听口实,他能证明我说的话。当您被邀请去朋友家参加晚宴,出于礼貌,您需在进门入口处将沾满泥的鞋底在擦鞋垫上（un essuie-pieds）蹭干净。擦鞋垫因需承受双脚的摩擦，因此它无论是单张擦鞋垫还是多张擦鞋垫，都需要在 pied（脚）后头加一个 s。但如果按照这样的逻辑往下推理，独脚者是不是需要用一张不带字母 s 的擦鞋垫（un essuie-pied）呢？这也是"长款香烟嘴"（un porte-cigarettes）和"烟嘴"（un fume-cigarette）的区别所在。前者可以同时装好几根香烟，后者是电子烟的前身，更加高端上档次。复合词里的这些小伎俩给我们传递了怪诞的语义。做饭时，您需要捣碎蔬菜，于是拿来一架绞菜机（un hache-légumes）。但若您对素食不感冒，只希望捣碎一颗青菜来装饰三分熟的牛排呢？您刚刚卖掉的那辆越野车上的"保险杠"（un pare-chocs）得经得起一次次的撞击（les chocs）。但谨慎小心的您因这三十年来仅一次被追尾（un pare-choc）而洋洋得意。真是位负责的老司机！

某些字典受您阅历的启发，已决定规范这些复合词书写。从今往后，您在写下列单数的复合词时，无需加 s。它们是：un porte-bagage、un compte-goutte（玻璃滴管）、un lance-flamme（火焰喷射器）和 un coupe-ongle（指甲剪；毕竟，谁能一下子剪掉好几个指甲呢？设想一下此处的血腥场面）。它们变为复数时，务必加上 s，这和任何其他名词一样：des porte-bagages、des compte-gouttes、des lance-flammes、des coupe-ongles。当然，传统的规则虽过分繁复，却有理有据，脉络清晰。"一个指甲剪"若写成 un coupe-ongles 只会让您"唉哟"一声喊疼。只有复数时才需写成 des coupe-ongles。

您熟悉通货膨胀的金融现象吧，语法里也存在这种现象。正因为对词汇的"通融"，才使得字典里出现不同形式的书写方法，像至少有三种形式的 un abat-jour、des abat-jour / abat-jours（灯罩），或 un porte-avion / porte-avions、des porte-avions（航母）；若诙谐地算上改革提出的词汇焊接，多则五种形式，像 un porte-monnaie / portemonnaie，des porte-monnaie / porte-monnaies / portemonnaies；再算上词汇形变，我们甚至可以数出八种形式：un porte-clé / porte-clés / porte-clef / porte-clefs / porteclé / des porte-clés / porte-clefs / porteclés！下次，您若不记得钥匙搁哪儿了，好好想想，足够您忙活一阵了。

欢迎来到虚拟世界

——虚拟式

事情发生在一位文科教授身上。一天,一个男生前来问道:"教授,应该叫她来吗?"(Il faut qu'elle vient?)问句里有语法错误,教授克制住了情绪,勉强眨了眨眼,沉默着。这时,一个女生插进了话,生气地说:"不!她必须得来!"(Il faut qu'elle vienne!)教授的嘴角露出了满意的微笑,眼里绽放着愉悦的光芒(他这教学生涯还是有所成就的)。

"说得对,雷娜!为什么'得来'(vienne)呢?"

"呃,因为她是个女生!"

教授忍不住放声大笑。

"Vous voulez qu'on l'écrit?"

"虚拟式的落幕"倒是个好的标题。虚拟式算是法语里最优美的时态了,虽然它不再那么受学生欢迎,尤其是在法国某些地区。在我平凡的教学生涯中,看到或听到这样的问题,如 Monsieur, il faut vraiment qu'on le fait? 或者 Vous voulez qu'on l'écrit 也不在少数。

您的心脏是否有一刻停止了跳动?放宽心,这很自然:不知不觉中,虚拟式融入了您的心底。这大约是一种只可意会不可言传的时态,要具体解读它的用法很困难。也没有人会去这么做,因为它会产生将近五百页晦涩难懂的文字解答。

这是种虚拟的现实:这个完全矛盾的措辞正能解释虚拟式的意义。在拉丁语里,虚拟式(subjonctif)就像它名字所指的那样,它曾是一种从属时态(subordination;sub, 意为"在……之下", junctio, 意为"关联, 结合")。这里给读者免去从拉丁语过渡到现代法语的句法和意义的复杂变化吧。这些过渡讲解起来极其困难,我们今天谈到的这个虚拟式表达的是一种虚拟的行为,或用我习惯的称呼,"一个存在于平行世界的时态"(无交集区域的世界)——有了虚拟式,人们离第四维空间就不远了。

通常,我们会简单地将虚拟式视为"未发生的行为"。这么解释虽八九不离十,如连词 avant que、pour que、jusqu'à ce que:Jusqu'à ce qu'Il devienne écrivain, ce boxeur était un poids plume(在他成为作家之前,他一直都是为羽量级拳击手)。句中强调动作未发生,即他还不是作家。但后面这句话又作何解:Je crains que cet écrivain ne soit devenu un poids plume(我怕这位作家已成了一名羽量级拳击手)。这里,动作完完全全发生了。若用"平行的世界"理解这一现象,这句话就可以解释为:"好,没问题,这名作家已改行成了一名拳击手。而我则沉浸在最愚蠢的愿望之中,幻想着他从未成为作家。"瞧,它瞬间变得透彻易懂。

此外,一个小词有助于证明在我的大脑中,我允许自己与现实背道而驰。这就是否定副词 ne,总以"赘词"的形式出现(通俗点儿讲,就是没什么用的词):实际上,它标志着拒绝承认现实的开始,而这种否定又只存在于想象中,因为它并没有使其具体成真的第二条腿:pas。它完全可以被忽略而丝毫不影响句意(除了从语言层面上讲,有细微的差别):Je crains que cet écrivain soit devenu un poids plume(在我的第四维空间里,他没有成为拳击手)。简言之,它处于一种否定的萌芽状态,对一种虚拟的事实进行虚拟的否定。

那么,我们尝试这样定义虚拟式:它是将现实当愿望的时态。

我们来对比下列两个句子:

Julien cherche un remède qui **guérit** son petit cœur brisé.

Julien cherche un remède qui **guérisse** son petit cœur brisé.

第一句里,直陈式 guérit 展示了朱利安感性的乐观和对爱情的坚信:这种解药存在,朱利安定会康复,不存在其他可能性。

第二句里,可怜的朱利安!这种解药真的存在吗?它充满不确定性,朱利安很可能永远都无法修复他那千疮百孔、备受煎熬的心了。这两种爱情观的对峙,需归功于那低沉、颓废的虚拟式。最终,虚拟式仿佛成了第四维空间和爱情之火焰的交汇。

多点儿虚拟,还是少点儿虚拟

这种复杂性在很大程度上导致了外国语言学习者以及法国人在运用虚拟式时

的疑惑。这点已经反映在上述例子中了。

最恰当的例子要数连词 après que。其后涉及的行为到底发生了没有？已经发生了！因此，后面应接直陈式：Nous rangeons tout après qu'il est parti，这听起来是否刺耳？您得再忍耐一下，还有其他的直陈式复合时态（连词 après que 之后只能有一种复合时）：

Nous rangions tout après qu'il était parti.
Nous rangerons tout après qu'il sera parti.
Nous rangeâmes tout après qu'il fut parti.

对于每一种使用的时态（现在时、未完成过去时、简单将来时、简单过去时），我们都会使用与其对应的复合时态（复合过去时、愈过去式、先将来时、先过去时）。如果您觉得在该连词后很难不使用虚拟式，不妨将它换成 lorsque：Nous rangeons tout lorsqu'il est parti。

无论如何，您务必记住，禁止在 après que 后面加虚拟式，即便连词 avant que 难免会让我们有变虚拟式的冲动：Nous avons préparé avant qu'il soit arrivé et nous avons tout rangé après qu'il est parti（在他来之前我们已准备完毕；在他离开后，我们都收拾干净了）。

将 après que 用作虚拟连词的倾向可以追溯到 20 世纪初（来个大揭秘：莫里亚克、加莱、加缪等），而近三十年这一趋势仍不断增长。但，真是神奇的惊喜啊，这个动作似乎放慢了节拍，尤其是近两三年，趋势出现了逆转。我们能听到越来越多的记者使用直陈式：Après que les députés ont voté cette loi en faveur des plus démunis ...（在众议员投票通过了这条有利于贫困人员的法律之后……）好！我们又一次陷进了虚拟的世界，但却是另一种类型：乌托邦式的理想。

一张有趣的面孔

虚拟式里的欢乐并不止步于此，而是一直延伸到动词的变位中。

您准备下厨煮面条，盛了一锅水，于是您等着水沸。"等着水沸"是表达成 attendez que l'eau **boue** 还是 **bouille**？当然是后者。这是唯一正确的方法，能够将您的面条煮得硬滑，有嚼劲。既然此刻您身处厨房，就教您一手简单的烹饪方法：

拾一动词，既不要太生，也不要太熟；
先把它变位成直陈式现在时的第一人称复数形式（nous）；
接着，去尾存根；

然后，慷慨地在后头撒上：-e、-es、-e、-ions、-iez、-ent；

最后，放进嘴里，品尝虚拟式的味道。

这种烹调技术适用于 99.9% 的动词，包括 bouillir：nous bouillons，词根为 bouill-，que je bouilli。

当然，有些食料不太适合用这样的烹饪方法，词根也不一样，比如 que je fasse、que je sache、que je puisse、que je veuille、qu'il faille、que je doive、que je vienne、que je vaille，等。

只有两位新奇的大师决定把这技术搁置一旁，全然不顾。一是动词 être（que je sois、que tu sois、qu'il soit、que nous soyons、que vous soyez、qu'ils soient），二是动词 avoir（que j'aie、que tu aies、qu'il ait、que nous ayons、que vous ayez、qu'ils aient），尤其需要注意前两个人称复数的变位（nous 和 vous）：soyons、ayons，里面没有多余的 i。

也有些个小滑头幻想着自己在动词变位的盛宴上，打扮成直陈式的样子，掩人耳目，如 que je croie、que je voie、que j'exclue、que je rie、que je fui、que j'assoie、que je coure、que je meure、que j'acquière 等。

上述其中的某些动词，还包括以 -ier、-yer、-gner、-iller、-indre 结尾的其他动词的复数形式皆火药味十足，因为人们正有削减第一和第二人称字母 i 的意向：que nous croyions、que vous riiez、que nous criions、que vous nettoyiez、que nous essayions、que vous gagniez、que nous travaillions、que vous craigniez，等。

为了保证书写正确，您千万不可忘记里头的字母 i。法语里，从理论上讲，最好能分读复合元音①，如同诵读诗歌一样（让您做做唇部与口腔操），像这样：Il faut que nous gagn-illons et non que nous craign-illons。

虚拟式里的连词 que

但，您又问道，我们怎么才知道自己正在和虚拟式打交道呢？用莎士比亚的话

---

① 这是大学里的记忆。复合元音的分读指的是将一组元音切成两个音节分别发音，旨在为韵文或诗节再创造出一个音节。如，lion 发成 li-on。"Les sanglots longs des vi-olons de l'automne ..."这样，保罗·魏尔伦便保证了十一音节诗。保罗喜欢奇数音节的诗，正如他在《诗艺》中描述的"音乐的旋律至高无上，/ 奇数的韵律为人所好，/ 更朦胧，更容易消散在空中，/ 无质无量，无影无形。"法语原文为：De la musique avant toute chose, / Et pour cela préfère l'Impair / Plus vague et plus soluble dans l'air, / Sans rien en lui qui pèse ou qui pose。

来说,"这是个问题。"

我们有三种解决方法。

第一种方法:您囫囵吞枣,死记硬背下虚拟式的3527种用法和含义,这将占用您一小部分时间,正好用它来打发点儿闲暇。

第二种方法:您试着感受它。像这样:"啊!我感受到了它的存在,我要为之大声欢呼!"但这仅仅是第一种解决方法的印象派版本(也就不那么可靠)。

最后一种方法:替换法,屡试不爽。虚拟式常常在毫无征兆的情况下探出头,所以,我建议那些深受其害的读者们在看到了连词que后面跟随了一个已变位的动词时,停留片刻,稍作观察:这个que很可能引导的就是虚拟式。它像是响起的警铃和在大脑里点亮的警示红灯,提醒您,虚拟式可能就在附近。连词 **que** 要么形单影只,要么出双入对(avant que、bien que、quoique、jusqu'à ce que、à moins que),因此,被语言学家们不无道理地称作"虚拟式助词"(béquille du subjonctif,béquille意为"支撑架",不仅有图像感,也应景恰当)。您一旦保持在警觉状态,接下来只需要驯服这个动词了:它是直陈式还是虚拟式?不妨用一个温顺乖巧的动词替换它,比如 faire:Il souhaite que je le croie. / Il souhaite que je le fasse,于是,croie 为虚拟式变位。

看,我们在虚拟式这个语言难关上应付得好得很呢!

虚拟式万岁!

马上放假了,但总有一个问题直勾勾地摆在您面前:"假期万岁"是写成 Vive les vacances 还是 Vivent les vacances?

这里就涉及动词的虚拟式。我们用 Vive le roi,即 Que vive le roi 来向国王表达永生和成功的祝福。在某些固定用法中,我们省略助词que,如 Qui m'aime me suive, Dieu soit loué, advienne que pourra, ainsi soit-il, sauve qui peut, ne vous déplaise, coûte que coûte,等。

那么,单词 vive 就失去了活力,今天我们只把它当作感叹词,同"啊哈"(youpi)之流类似。

所以,您既可以写作 Vive les vacances,也可以写成 Vivent les vacances,无论哪种书写形式,您都表达出了对假期的渴望。

阳性或阴性

——词汇的性别，瞧出问题了吗？

注意，请系好安全带，我们正在遭遇颠簸气流！阳性、阴性、性别差异论和职能词汇的阴性化均采用包容性书写规则①（您对此肯定有所耳闻，尊敬的读者们②）：这个话题很敏感，因为它超出了纯粹的语法框架，踏进了人类的意识形态中。

让我们一点点来理清这一过程，正如人们字正腔圆地说："沉着冷静、理智清醒地探讨"。一旦冷静下来，您便会专注于法语里因冒失草率而导致的如此特殊的性别使用规则。法语既如此，那么其他语言里的词性又如何呢？我们的性别观念是否夹带着十足的法国味？

阳性的主宰

我的第一点评论是：女士们，这场性别歧视的战争远未胜利。您可知法语是带有性别歧视的语言？来看下面这段话：

> Lors d'une soirée, Camille, **procureur** de la République, rencontra Dominique, **juge** et **ex-ministre**. Nos deux trentenaires se dirent très vite "oui" devant le **maire**, Yannick, leur collègue **magistrate** et **chevalier** de la Légion d'honneur. Amateurs indubitables de littérature, les deux tourtereaux connaissaient bien Alix, **secrétaire** perpétuel de l'Académie, ils décidèrent de devenir **auteurs** et de se

---

① L'écriture inclusive，包容性书写。
② Cher.ère lecteur.rice，尊敬的男性、女性读者们。

faire éditer. Le livre de nos deux **écrivains**, devenu best-seller, s'intitulait **La confusion des genres**.

问：Camille、Dominique、Yannick 和 Alix 这四个名字，哪些是男性，哪些是女性？如果没有职能词汇的性别变化，我们就无法判断，比如 procureur(e)、juge、ministre、maire、magistrat(e)、chevalier(cehvalière)、amateur(amatrice)、secrétaire、auteur(auteure, autrice)、écrivain(e)等。

人们花了二十年的时间才最终认可了这些阴性形式：écrivaine、procureure 或 amateure / amatrice（该词于 1488 年出现，三个世纪后被卢梭运用到自己的文字中）；甚至对于以 e 结尾的阴性形态的单词 juge、maire 和 ministre 也难以让人接受，如句子 Madame le minister est brun(e?)，阳性的 brun 似乎并未让人们觉得有任何不妥。既然 amatrice、écrivaine 看起来十分"丑陋"（完全基于主观判断），那么，像 aviatrice、animatrice、riveraine、souveraine 又该如何评价呢？人们清醒理性地提出某些单词变阴性的不可能性，所以单词 médecin（医生）不会衍生出 médecine（阴性词，"药"），chevalier（骑士）不会产生 chevalière（阴性词，"镌有姓名的戒指"），chauffeur（司机）的阴性形式不是 chauffeuse（矮椅），entraîneur 的阴性形式也不是 entraîneuse（舞女）。人们总处于一种扑朔迷离的模棱两可中，而这样的情况并未引起不悦，除了单词 pétrolier 和 financier，前者既指一艘"油船"，又指"石油领域的专家"，后者既指"理财专家"，又指一块美味的"杏仁蛋糕"。

此外，有些名词和形容词的阴性形式让人出乎意料。请您尝试将下列句子里的阳性词转化为阴性词：

Un doge vieillot s'adressa à un pair hobereau.

Un diacre malin s'en prenait à un bedeau replet.

Un demandeur vendeur accuse un défendeur coi.

Unmormon sévillan fit ami-ami avec un maharajah manchot.

Un sphinx fiérot dévora un daim pâlot.

的确，这些场景不会每天都发生，但未雨绸缪总是对的。
答案是：

Une dogaresse vieillotte s'adressa à une pairesse hobereaute.

Une diaconesse maligne s'en prenait à une bedelle replète.

Une demanderesse vengeresse accuse une défenderesse coite.

Une mormone sévillane fit ami-ami avec une maharani manchote.

Une sphinge fiérotedévora une daine pâlotte.

今天，学生人数在逐渐增加，但无论是男生占少数（一个男生和两百个女生），还是在男生缺席课堂的情况下,男性较女性总是更有优势。我常听学生们说:"不是我,先生!是让娜和爱丽丝,他俩在说话!他们总是不停地回头!"(C'est pas moi, m'sieur, c'est Jeanne et Alice! C'est eux qui parlent! Ils arrêtent pas de se retourner!)好吧,我看上去像是个专制严厉的老师,但实际上,我对他们或她们十分宽容。那么,这个句子里的 ils 是一种语法上的怠惰吗?无论它们从何冒出,无论怠惰与否,这普遍使用的阳性词很能说明男女学生们之间的故事。

说到包容性书写,它首先从意识形态方面武装自己。法语早已确立了阳性词汇的压倒性地位。我曾听到反对这种观点的男男女女说:"这只是语言现象,而真正该下功夫的是在现实社会中保障男女地位平等。"首先,一方无法干涉另一方:人们可以与性歧视、性骚扰作斗争,要求同工同酬……与此同时,兼顾语言里的性别平等。其次,语言不仅仅只是语言。若有人认为它只是传递言语信息的载体,这种想法则过于简单或有些口是心非了。思想通过语言形成,语言塑造思想。我们难道不是通过语言来说服、感动和操控他人吗?每种语言都承载着比它本身道出的更多的信息;每种语言都是一种意识形态。从这点来看,阳性词汇的无处不在正描绘了我们的社会……但人们又会反驳:"如果按照这样的道理,那岂不是应该将阴性的'蚂蚁'说成'un fourmi',阴性的'蜻蜓'说成'un libellule',阴性的'燕子'说成'un hirondelle'?"可别瞎编乱造、混淆是非:这么做正是为了反对性别歧视,只不过这性别歧视似乎并不针对动物界的雌性。

有些人持"将阳性默认为中性"这样的观点(不同于拉丁语、希腊语或德语,法语里没有中性词),那么,为什么偏偏是阳性被看作中性?对于物体名称来说,我们承认性别的安置是随意的,像阴性的"一把椅子"(une chaise),阳性的"一把扶手椅"(un fauteuil)。但对于人类和职位呢?男士们都在惧怕什么?女性化以后,他们又会遭遇什么?毕竟,这出名的"阴性服从阳性"的配合规则是由法兰西科学院的院士们提出的。当时,他们可全是男性!

18 世纪的这个规则的产生和确立与语法无关,它完全取决于那个时代的意识形态。"两个性别相遇时,地位更高贵的决定一切。"耶稣会士布鲁尔于 1675 年写道。在紧接的后一个世纪里,语法学家尼古拉·博泽又进一步补充道:"阳性因男性优越于女性而更加尊贵。"我补充一点,这个规则在拉丁语和希腊语中并不存在,这两个社会丝毫不存在任何女性主义(原谅我这不恰当的对比)。

不过,两个现实的障碍横在我面前,让我无法完全认同包容性书写规则:一方面是它的不切实际和不易读性,这也许会让已经遇到语言学习困难的学生们更加摸不着头脑;另一方面,这突如其来的规定与一直以来的惯用法背道而驰。惯用法不爱被胁迫和蛮横地对待,它的演化需要时间。在这个速度至上的社会中,它成了一道难题。我们什么都需要,而且越快越好:新一代的苹果手机,新推出的双龙牌轿车,新上市的熊葱素食汉堡,新一季的《权力的游戏》……而语言无法适应这永无止境、十万火急的瞬息变化，它需要时间才能吸收。语言的时间也不应被看作匆忙的社会时间。

当然，我们也有这样一位人物，运用包容性书写规则将一切囊括麾下。他就是戴高乐将军，每次发表言说之前，他总会说："法国的女士们，男士们……"

别处风景

我们加上这兼有语法功能、词属和社会属性的括号，专心于最纯粹、柔和的语法，去瞧瞧别处到底是怎样一番景象。

我们注意到，在性别平等的概念还鲜为人知的两千年前，讲拉丁语的人，无论是从"主子"(dominus)过渡到"女主人"(domina)，还是从"创始人"(auctor)过渡到"女性创始人"(auctrix)，都无丝毫困难。

再来看看莎士比亚的语言。人们认为词性并不存在，如"一位朋友"(a friend)既可指代男性朋友，也可指代女性朋友。人们也可以理解为什么简·伯金在迷恋吃田鸡腿的国度里居住了五十年后，依旧继续为"女性"大众(la public)奉上一首"男式"歌(un chanson)。英语中大部分的名词和所有冠词都没有性的区别，即便有，也只是共性词，即享有共同词形、阴阳两性的词汇。当用代词指代时，它才会区分性别，像 he（阳性代词）、she（阴性代词）或用来指代事物的 it（中性代词）。但也并非完全如此，如，体型在乌鸦般大的鸟类名称皆为阳性，这和煮沸的肉以及右驾左行，都是难以破解之谜。引用著名的女歌唱家麦当娜的一句歌词："爱情是一只鸟，她需飞翔。"①用法语翻译，即 L'amour est un oiseau, elle a besoin de voler。此外，"猫"(cat, pussy)和"鼠"(mouse)也通常被"感知"为阴性词。"船舶"的名称也是如此。

德语又是另一番景象：阳性、阴性、中性，三种词性同时存在，和法语的词性规则大相径庭。在康德的语言里，人们搬来把"凳子"(der Stuhl，阳性词)，让"阳光"(die Sonne，阴性词)晒黑头发；贝多芬无疑受"月"(der Mond，阳性词)之启发，谱写了它的奏鸣曲。这真是任意指定事物阴阳属性的典型例子。在职业和人这两类词汇中，我们都能发现它们的阴阳双重词性。每一个阳性词都能被阴性化：德国男作家(der Schriftsteller)完全可以转化成"德国女作家"(die Schriftstellerin)！

---

① 原文为：Love is a bird, she needs to fly.

由性别引发的问题

暂时撇开"果冻"(la jelly)和"腌酸菜"(la choucroute),回到重美味佳肴的法国。

提到"荨麻疹"(urticaire,阴性),您定会想到一粒粒脓胞;"白蚁"(termite,阳性)则让您想到被啃食干净的木头;"睾丸"的词性(testicule,阳性)也会给您埋下圈套。还有其他种种(以 e 结尾)难以分辨性别的词汇,如"一座航站楼"(une aérogare)、"一种易位构词游戏"(une anagramme)、"一条高速路"(une autoroute)、"一个文具箱"(une écritoire)、"一把漏勺"(une écumoire)、"一个修饰语"(une épithète)、"一面军旗"(une oriflamme)、"一种征兆"(un augure)、"一条虎鲸"(une orque)、"一尊纪念碑"(un obélisque)和"一个星号"(un astérisque,与奥波利和阿斯特里克斯一样,皆为阳性)。词性的摇摆不定为何持续如此之久?

毫无疑问,单词词尾的 e(源于拉丁语-a)象征着法语里的阴性词,所以人们会频繁地判断失误,如 apogée、tentacule、haltère、effluve、méandre、armistice 等这类词的性别;再者,以元音开头的名词在使用了省音冠词 l' 后,人们就无法判断名词的阴阳性,如 l'haltère、l'alluvion、l'apogée、l'entracte;同时,一些只有复数形式,或通常使用复数形式的名词会用共性冠词 les 来修饰,如 les affres(阴性)、les ambages(阴性)、les décombres(阳性)、les sévices(阳性);由基础词演变而来的词汇也会造成错误的判断,如 une sphère / un planisphère、un gramme / une anagramme(但也有十分符合逻辑的演变,如 une route / une autoroute、une gare / une aérogare)。

最后,某些语义关联或社会现象往往使人们倾向这一性别而远离那一性别。比如,阳性词 wifi,它更加紧密地与"连接"(connexion,阴性)而非"网络"(réseau,阳性)相关。因此,它有一定程度的阴性化趋势。再如"乌木"(l'ébène,阴性)难道不应和"木头"(bois,阳性)一样属于阳性词吗?"花瓣"(pétale,阳性)是"花"(fleur,阴性)的组成部分,人们又会为谁献上一捧鲜花?

性别的演变

说来有趣,词汇的性别并非铁板钉钉或像在词典中编撰的那样一成不变。有相当一部分在从拉丁语到法语过渡的过程中改变了词性。亨利四世有一回因对"勺子"一词的性别捉摸不定,于是请教了马莱布。马莱布用完美的语言回答道:"陛下,除非您下达诏令,规定它为阳性词,违者以死刑论处,否则它将永远是阴性。"单词 espace 一直到 16 世纪才改为阳性,其保留下来的阴性仅用于指代字体排印时的空格,如您需要这样说:"这两个单词之间少了一个空格(une espace)。"相反,谈及自己的"小作品",龙沙会用 petit œuvre,于是人们照葫芦画瓢,相继创造了"大奇迹"(le grand œuvre,炼金术领域术语)、"大建筑工程"(le gros œuvre,建筑领域术语)以及在指代画家或雕刻家的全部作品上,œuvre 一词仍旧保留阳性(如 l'œuvre peint de Picasso,毕加索的作品)。

举一个离我们更加接近的例子。Automne 的词性一直到 19 世纪才敲定。正如塞维涅夫人于 1671 年写道:"那年秋天我心情愉悦,而我却万分惶恐地看着秋末,浑身冒汗。"(Je me représente cette automne-là délicieuse, et puis j'en regarde la fin avec une horreur qui me fait suer les grosses gouttes.);单词 alvéole(蜂房)一直被法兰西学士院认作阳性词,而词典中总将它编写为阴性词;单词 après-midi(虽由阳性词 midi 形成)正在一步步转为阴性词,无疑受 bon après-midi 中的连诵的影响。同样,我们也可以用阴阳两种定冠词(le, la)来修饰 oasis、éphémère、enzyme、météorite、palabre、parka、perce-neige、Thermos 等。别恼火,都由您来决定,好好把握!

不可以貌取人

我们看到,一方面,不少名词的书写留下了在性别的选择上举棋不定、犹豫不决的痕迹。结果,它们成了共性词。另一方面,有些词的两种性别分别指代不同的事物,如 œuvre 和 espace。这类词远不止这些,还有其他和它们一样的"双性恋"的小伙伴,如"钟摆"(le pendule)原指用于调节座钟(la pendule)的震荡装置;墨水"囊"或手枪"子弹"(la cartouche)以及"边饰"或"墓碑题词的装饰框"(le cartouche)皆来自于意大利语 carta(意为"纸片");您很可能需要有不错的记忆力(la mémoire)来书写您绵长不断的回忆录(le mémoire)。

还有一类默默无闻、无人问津的词汇,说起它们的性别来往往令人惊讶,像单词 période。Le période 用于表达处于极端的程度,如固定搭配 au plus haut période、au dernier période。若您参加城市的晚宴,大胆地在宴会上说:"哎,现在正是经济危机的高峰期。"(Hélas! Nous en sommes arrivés au plus haut période de la crise économique.)也许您能片刻转移到金融困境的人们的视线中。那么,要应对前述的经济难题,我们就应该毫无间断、坚持不懈地(sans aucun relâche)与其抗争:阳性的 relâche 表示"暂停,时间间隔"(faire relâche,暂停演出)。说到单词 couple,它的阴性形式 une couple 会让不少人出乎意料:它原指将两只猎犬拴在一起的套绳,其拓展意义为"一对""一双",表示两个同样种类的事物总称。如例句:"亲爱的,你把我最喜欢的那双袜子收拾到哪了?"(Chéri, où as-tu encore rangé ma couple de chaussettes préférées?)瞧,我可为家庭和睦作出了一些贡献哦!

还有些通过阳性或阴性加以区分的同形异义词,如"一本书"(un livre,拉丁语为 liber)通常重约"半公斤"(une livre,拉丁语为 libra)以上;"软体河蚌"(une moule,拉丁语为 musculus,意为"腿部肌肉";形似小老鼠,又叫 petit souris)与任何"模子"(un moule)都不匹配;快去埃菲尔铁塔(la tour Eifffel)上兜"一圈"(un tour)。

而经典中的经典莫过于单词 solde。阴性 solde 原指拨给士兵们(soldat,意大利语为 soldo,意为"苏")的军饷报酬,而阳性的 solde 不仅显示的是银行账单里的余额,也指您至今未还的那笔让一向体谅宽容的银行经理面红耳赤、暴跳如雷的尾款。

再来谈谈这家喻户晓、受语法爱好者青睐、却难以琢磨透彻的"爱情-欢乐-管风琴"(amour-délice-orgue)三重奏。有点儿品味和学识的人,会习惯地认为这三个词是"阳性单数,阴性复数"。确实不假,但并不完整。它们除了性数的改变之外,含义也发生了变化。

首先,"爱情"的词性久久徘徊不定:在拉丁语里,它写为 amor,是阳性,但在 18 世纪之前,它一直用作阴性词。在《巴亚捷》中,拉辛不仅用了阴性的"爱情",如"Votre amour de la mienne eût dû se défier"(您那属于我的爱本该设防),也用了阳性的"爱情",如"Ils ont beau se cacher, l'amour le plus discret / Laisse par quelque marque échapper son secret"(他们徒劳地对彼此隐藏了那最小心翼翼的爱/几处表现便将这秘密透露了出来)。而今,单数的"爱情"为阳性,复数的"爱情"为阴性。阴性的"爱情"指代爱情里的情欲或一段艳遇,像博德莱尔记忆力的那个"充满童趣情欲的绿色天堂"(le vert paradis des amours enfantines)。当它指代恋爱的感觉时,为阳性。如"这个世界有两种爱情,一是激情之爱,一是手足同胞之爱"(Il existe deux différents amours: la passion, l'amour de son prochain)。

单词"欢乐"更加微妙(是"矫揉造作的"一种谦辞):其单数阳性指代的是细腻、强烈的快感或一种味觉享受;其复数阴性指代的是一种让您心荡神驰的无上快乐(它有一个风趣别致但不常记起的近义词:blandices)。这两者之间的差别极度细微,您会逐渐领悟的。

"管风琴"一词唱的又是另一种腔调。若它指代管风琴乐器,那么"大管风琴"

(les grands orgues)则指代同一种乐器,复数形式起突出、强调的作用。

夸张的人们

让我们用最精彩的例子收尾:说到词性的摇摆不定,名词 gens 可谓夺得桂冠。它源于拉丁语 gens,gentis(阴性)经历了相当繁琐的词性变化,以至于人们为了规范它的用法而专门制定了一条极其复杂的语法规则。是什么规则呢? 在学习之前,请您含一片阿司匹林,并牢牢握住椅子的扶手(接下来的文字阅读起来会让您头皮发麻、双腿颤抖):紧位于它前面的形容词需变为阴性,如 de vieilles gens、de bonnes gens;其余的情况需变为阳性,如 des gens sérieux。于是我们有了这样似患有分裂症的语言表达:Surpris par ce livre, ces bonnes gens malins sont contents de leur achat!

就只有这些? 当然不! 糟糕的还在后头:若紧位于它前面的形容词为双性词,并以哑音 e 结尾(brave、pauvre、honnête),那么此刻 gens 就是阳性名词,它前面所有的词汇均需转化为阳性。于是,我们既可以这么写:Quelles honnêtes bonnes gens,也可以写成:Quels bons honnêtes gens。

单词 gens 可差一点儿就和精神病所提供的"优惠待遇"擦肩而过呢。

前文提到的"秋天"(l'automne)一词,会让我们看到除了凋零的树叶之外的更多颜色:面对着这适合幻想的季节,一些语法学家触景生情,诗兴大发,正如利特雷回忆的那样,决定为其"制定阳性和阴性的特殊用法"。他们说,当有前置形容词时,automne 为阳性,如 un bel automne;当有后置形容词时,它为阴性,如 cette automne délicieuse。然而,若它和形容词之间有副词或动词,那么它仍为阳性,如 l'automne est beau。最终,伟大的爱好语言和平的神圣的主建议"秋天"一词保留了"两种性别"。

用一句煽动性的说教来结束本节:倘若您判断错了词性,这事并不那么严重。今天错误的词性有可能会成为明天正确的用法。像 effluve、altère 或 anagramme 这类词,未来也很有可能会转移阵营。

因此,致多个世纪以后发现这本书的考古学家和语法学家们:我没说错吧,对吗?

一切将井然有序

——命令式里的欢乐

终于,来了个简单、常用、经济型的时态。它没有代词,只有三种人称与相当少的例外!它明明白白,毫不含糊,雷厉风行,像"唰"地一记马鞭,发号施令。它就是命令式,一种发出指令或禁令的时态。但,在它蛮横、独裁的统治下,若强势的动词变位表现出柔韧的不满和潜藏的叛逆之态呢?

小倔强 s

武装叛乱从第一组动词展开。我们的这位小倔强既不愿屈从语法规则,那就让它尝尝滋味。我们总习惯在第二人称单数变位的后面加一个错误的 s:mange, prie, aime!(美食、祈祷和恋爱,插入两三个《经典英文绘本》中的例子,我再乐意不过了)人们的举动往往差强人意:他们时常将直陈式第二人称的动词变位词末的 s 挪到命令式的后头!不管怎样,(第一组动词的)命令式没有 s,这是道命令,没有任何商量的余地。

叛乱者终会被镇压[①]。那么,为什么要去掉这个 s 呢? 毕竟,直陈式和命令式几乎有着相同的形态。它的答案简单得让人松了口气:因为拉丁语的命令式里没有 s。我们说 amas(法语为 tu aimes),audis(法语为 tu écoutes),但命令式为 ama(法语为 aime!),audi(法语为 écoute!)。

一向有智慧的您又将得体地问,那为什么第二组动词和大部分第三组动词变位会在词末加 s 呢? 看:finis! fais! dis! prends! écris!

[①] À subversif, subversif et demi:逢破坏者,破坏减半(害人者终会被人害)。

这个问题的答案便不那么显而易见。某些以 s 结尾的动词源于历经变化的拉丁语。如 finisce 产生了命令式 fenis（法语为 finis）；命令式 nais 由拉丁语 nasce 而来，conois 由 cognosce 而来，等。语言中称为"类比"的现象也正是从那里产生的。类比是语法里千变万化的神，是语言学家的"方案 B"：当人们找不到其他解释的时候，会为其寻找另一种形式的类比。于是，三下五除二，这事就敲定了。从 13 世纪开始，字母 s 与裸词根竞相争夺第三组动词：va 还是 vas，o 还是 os（ois，源于 ouïr）？字母 s 于 16 世纪才最终占据上风，但这事仍未结束：语法学家沃热拉对其强烈抨击，只接受 connoy、voy、tien、vien、fuy 等书写形式。动词 aller 成了漏网之鱼，如命令句 Va là-bas，我们就抹去了 s。法语里除了确有几分荒诞之外，目前的动词变位规则也毫无条理、逻辑可言。我们应像沃热拉所说，删除命令式中所有的 s。

Vas-y, achètes-en!

但也有好消息：这个类比字母 s 自中世纪开始便一步步、小心翼翼地逼近第一组动词。所以，古法语里的动词命令式含有 s，如 laisses、devines、pardonnes 等。真是邪门！随后，它们又进行了调整：繁殖能力强、带有侵略性的字母 s 从第一组动词中消失了，直至今天人们都必须写成 laisse、devine、pardonne。

上述这个规则也不完全行得通。当第一组动词后面紧跟着副代词 en 或 y 时，字母 s 仍需保留，如 achètes-en、manges-y；同样的情况出现在部分第三组动词中，如 vas-y、cueilles-en、offres-en 等。人们常说这里的 s 是谐音字母，因为它能避开像 achète-en 或 mange-y 一类惹人厌的元音连读。这种解释也只是一半正确：它主要是入侵了第一组动词后残留的痕迹。

几个世纪以来，小滑头 s 一直在语法规则、语言演变、类比原则和语言回归之间你捉我藏。它已完全立足于第三组动词，但也眼睁睁地见自己被逐出了第一组动词，至少从目前所犯的错误来看，想恢复它书写形式的愿望根深蒂固。

当然，若这样的错有一天成了语法规则，它将和谐第二人称单数的动词变位系统里的一切时态，胜利的荣耀将属于小滑头 s。然而[①]，它会同时多贡献出一个哑尾音，使得本就遍布着哑音的法语动词变位更加繁琐复杂。

[①] "什么！又是然而，然而，然而！这该死的词组！"是啊，亲爱的读者，我受格勒维斯的庇佑，大大方方、毫无掩饰地转折，同时也参考了诸多优秀的先辈作家们的语言应用，如司汤达、纪德、普鲁斯特、吉隆杜、贝纳诺斯、圣埃克絮佩里……我们见过比这还要更复杂的呢！

别将一本《拉鲁斯》掷向那些犯糊涂错的人,等五十年后再来看看,字母 s 的运用规则是不是又改变了呢?

四处游走的代词

蛮横的命令式所捣腾出的那些小破坏还不止这些。它滑稽的动作更是时常出现在句法而非词汇上。于是乎,它周边集结了一帮和它一样顽皮的小伙伴——补充代词。过去,我们常说它患上了多动症,惹人不悦;而今,我们说它处于"亢奋状态"。来看看下面分析的几处例子。

若没有代词,一切看上去都几近完美:Eugénie, achète un bon appart à nos enfants! 或者 Eugénie, achète à nos enfants un bon appart! 这两句话都成立,唯一的区别是语句的节奏(说话方决定停顿之处),法国人倾向于将最长的词群放在句末。(尝试比较这两句的韵律:Je donne rarement du pain aux effrayants pigeons transgéniques de Paris. / Je donne rarement aux effrayants pigeons transgéniques de Paris du pain.)

有了代词,我们也能自如应对:Eugénie, achète-leur un bon appart! 或者 Eugénie, achète-le à nos enfants!

再提升点儿难度。在两个代词同时存在的情况下,迟疑和犹豫也就随之而来,尤其是在第一和第二人称出现的句子里:是 Eugénie、achète-le-moi,还是 Eugénie、achète-moi-le? 第一个答案正确,因为用于回答"什么人""什么物"的代词要位于回答"对什么人"的代词前,就像 Prends-les-moi! Donne-les-nous! Attribue-la-leur!

到目前,我们两脚直哆嗦,跌跌撞撞,一步一蹒跚,但还能直立不倒。突然,悲剧发生了。那位说"不"的人引发了一场无名的革命和混乱:否定句颠覆了一切。首先,否定式将代词重新放到了动词前:Ne l'achète pas!(而非 Achète-le pas!)Ne lui parle pas!(而非 Parle-lui pas!)同时,代词的位置也被打乱重置,用以回答"对什么人"的代词放到了回答"什么人""什么物"之前:Ne me l'achète pas!(而非 Achète-le-moi pas! 或 Achète-moi-le pas!)。有副代词出现的命令句也是如此:N'en achète pas!(而非 Achètes-en pas!)N'y va pas(而非 Vas-y pas!)。

戏剧性的省音

但最极致的是当我们碰到代词 moi、toi、le 与副代词 en 或 y 同时出现的情况。

来看个小测试：请您将下列句子中的划线部分用代词替代，并变为命令式，您是否会通过这个测试呢？

Tu me donnes du souci.

Tu te prends du vin.

Tu te mets au travail.

Emmène-moi à l'aéroport.

Assieds-la sur la chaise.

您是否觉得别扭？很正常。正确答案是：Donne-m'en（而非 Donne-moi z'en），Prends-t'en（而非 Prends-toi z'en）。但瞧瞧接下来的 Mets-t'y、Emmène m'y 和 Assieds-l'y！我用格勒维斯、贝舍雷、拉鲁斯和罗伯特的项上人头担保，这是它们唯一正确的形式。虽缺乏现实感，却是毋庸置疑的正品。代词 moi、toi、le、la 在 en 和 y 之前都需要省音，最终形成的形式给人以异星别样的喜悦。

于是我们可以找些这类句子自娱自乐：

Tu veux verser à boire dans ton verre? Mets l'eau, mais mets-l'y, je te dis!

Vous voulez me voir bronzer sur la plage? Vous connaissez le refrain：mirez-m'y si facile à dorer!

Tu veux attacher ton cheval à cet arbre? Lie-l'y!

Tu as envie de te réchauffer sous tes couvertures? Blottis-t'y!

这种发号施令与接受命令的方式妙趣横生。几年前在法兰西地区的一次书会沙龙的听写上，我依稀记得自己写道："崇拜警匪片、痴迷于悬念的人啊，坚持下去！"（fan de suspense qui véneères les polars, accroche-t'y!）

亲爱的命令式，你的混沌让那些本就觉得你呆板专断的人倍加反感。是你诸多的欲望制造了嘈杂与扰攘。

难民接待处

命令式常爱说趣,胸怀宽广。它不仅容纳了四个虚拟式动词,接受了它们的词根,还专门为它们安置了词尾,它们是:avoir(aie,ayons,ayez),être(sois,soyons,soyez),savoir(sache,sachons,sachez)和vouloir(veuille,veuillons,veuillez)。最后一个动词vouloir实则拥有两套命令式:一是veuille,veuillez,属于礼貌用语;一是veux,voulez用于否定句,如ne m'en veux pas,ne m'en voulez pas(当然,如果您用ne m'en veuille pas,ne m'en veuillez pas也是正确的)。

常见疑难解答（五）

"瞧，我和我这一家子终于快把这本书看完了（on est venus à bout）。"

等！表达法 on est venus 是怎么回事？第三人称单数的"on"不应该始终是阳性单数吗？

的确……当 on 不确指某个人（如 on a frappé à la porte）或泛指所有人（on a toujours besoin d'un plus petit que soi）时，单词 on 是阳性单数。

但在当代通俗用语中，"on"往往指"nous"。此时，我们就需要将形容词和过去分词进行相应的配合。如 Laure Tograf et sa sœur se sont exclamées："On est bien contentes d'être comprises de tous！"

此处的难点体现在语言的双重性：我们把动词 être 变位成第三人称单数形式，却又将形容词 contentes 和过去分词 comprises 配合成阴性复数形式。这个问题该如何解决呢？您得等上几个世纪来瞧个究竟了。

证毕。

简单过去时

——虚拟式未完成过去时

世界各地的古城遗迹不可胜举。千百万穿着短裤的游客急于前往历史胜地观赏游览、自拍留念,也会去纪念品店购买精美的钥匙挂饰。随后,便一头钻进开着空调的旅行大巴,等着向下一个景点驶去……

在我看来,有两处历史遗迹因人类的忘却已被纳入联合国科教文组织规定的世界遗产中最危急的那一类,它们是"简单过去时"和"虚拟式未完成过去时"。我们是否可以发起众筹,发放遗产保护项目的刮奖券或组织"玩游戏,学语法"的抽奖活动来维持它们的生命?

它们是两种濒临灭亡的文物。在完全消失之前,我们还是得去拜访一下。穿上您的百慕大短裤、袜子和勃肯鞋,准备出发。

五个伙伴历"简"记

我们要求为年轻读者提供的小说翻译应更新换代、简洁明了,朝着时尚现代迈进。先不说小说的情节在很大程度上已被译得索然无味,面临脱离原著内核的风险。涉及面最广的重要因素——语言——也大量退化。如今的孩子们已不再需要认识某些词了。它们从留有普鲁斯特的那块小玛德琳蛋糕回味的《五个伙伴历险记》中被驱逐出去:人们不再"嘟囔"(grommeler),而只精准生硬地"说"(dire);代词 nous 也遭到排挤,改用 on;尤其是单词 exit,曾经是简单过去时,而今披上了一层如此时髦的现在时新装。再见了,这些词汇:découvrit、naquit、vit、fut、eut、mourut……

我们的那块玛德琳蛋糕,也只剩下一小把碎末了。

动词变位的胜地

好好利用时间来游玩这法语语法的圣所，在无过多矫饰的纺锤形石柱前驻足叹羡。它们有着拉丁的古风，颜色铜绿，因时间的侵蚀而逐渐更改了外貌。您向前一步，侧身倾听这古老的柱子会诉说一个怎样的故事。

拉丁语中，有一种非常实用和经济的时态（完成时），它与现代法语里的复合过去时和简单过去时相对应。不妨瞧瞧中古拉丁语里的动词变位，看您是否能察觉出简单过去式的雏形：

Cantavi（对应的法语为 J'ai chanté / Je chantai）：抹去字母 v，我们获得了词尾 -ai；

Canta(vi)sti：删除字母组合 -ti，我们获得了词尾 -as；

Canta(vi)t：删除 t，只剩下词尾 -a；

Canta(vi)mus：-amus 起初演变为 -ames，随后变成了 -âmes（此处的长音符是从第二人称复数挪用来的）；

Canta(vi)istis：-astis 最初演变为 -astes，随后变为 -âtes；

Canta(ve)runt：-arunt 成为了后来的 -èrent。

其实，语音的演变也并不困难。

其中，第二人称复数变位尤其有趣，但可惜的是，我们几乎快要失去它了。比如 Vous vous tâtâtes? Vous m'épatâtes!（您还在犹豫？真让我诧异！）人们会说："这种表达太丑陋了。"因为这样讲话，会让人有一种由 patate（意为"傻蛋"）带来的羞耻感。但它不也让《大鼻子情圣》里的西哈诺吟诵出著名的诗句吗：

Aimez-vous à ce point les oiseaux	您是否会钟情于小鸟
Que paternellement vous vous préoccupâtes	而怜爱有加地为它们的小脚
De tendre ce perchoir à leurs petites pattes?	找寻舒适温暖的巢？

Perdus 还是 Perdu？迷糊了吧！

当然，拉丁神殿的石柱是由一位语法女神——最美的女神，不是吗——修筑的，但其并不整齐划一：以字母组合 -avi 结尾的拉丁语动词历经变化，最终要么简化为 -i，要么简化为 -u（如 je finis、je perdis / j'aperçus、j'eus）。但正是这样的演变，让这古风古调的简单过去式的演变别具一格：je vis（voir）、je mis（mettre）、je fis（faire）、je fus（être）、je naquis（naître）、je tins（tenir）岂非一种高贵雅致的陈年旧韵！但在学生的笔下，它就往往千疮百孔、遍体鳞伤：je disa、tu mettas、je faisa、tu naissas、ils tenèrent。所有的法语老师都将一致地用颤抖而失落的声音向您证实这样的惨状。

学生在写作时，还存在着另一种错误，那就是将词尾-i 和-u 混淆到一块。例如 je vis 通常会被莫名地写成 je vus，je battis 摇身变成了 je battus，而 je perdis 又鬼使神差地成了 je perdus。其实，原因不难寻：这些词的过去分词都以字母 u 结尾（vu、battu、perdu）。那么，简单过去式和过去分词这两种形式，哪种更胜一筹？这个问题又得抛给读者了。

我们能理解为什么在学校启动新学期教学计划时，每一位新的教育部长都要求在小学四、五、六年级的教学中，将简单过去时的学习只集中在第三人称单数和复数形式（il chanta、ils chantèrent；il finit、ils finirent；il fut、ils furent）。为什么要自讨无趣地学习其余的变位呢？实在是徒劳伤神。朽木不可雕也！

瞧这一片坍塌的废墟！

荒石

这些朴实无华的石柱，受时间侵蚀，年久失修，而变得坑坑洼洼，残缺不全，面貌全非，最终收获了游客的嫌恶。人们于是用涂了层石膏的蹩脚山寨货代替了它们，赝品出世。这样一来，灰泥代替了大理石，复合过去时代替了简单过去时。我们不仅不再说 j'écrivis、nous fîmes、ils coururent、vous vîntes，取而代之的是 j'ai écrit、nous avons fait、ils ont couru、vous êtes venu(e)s，就连写也写得越来越少了。

简单过去时的某些变位形式确实十分怪异。来看个小测试。您是否能将下列复合过去时转化为简单过去式呢：

Vous avez équivalu.

Nous avons entretenu.

Vous êtes intervenus.

Vous avez prévu.

Les Français m'ont élu.

它们是否损伤了您的听觉？再正常不过了。答案是：vous équivalûtes、nous

entretînmes、vous intervîntes、vous prévîtes、les Francais m'élurent,它们看上去不太像法语。这五个例子揭示了简单过去时不受待见的原因：它的动词变位太难了。然而,它太难的原因是我们几乎从来不用。正因为从来不用,它就变得越发难。于是,我们踏入了一个死循环的怪圈。

那么,这是不是意味着复合过去时就相对简单？别这么肯定。学生们在助动词 être 和 avoir 的变位上往往掌握得不到位,尤其像 j'ai、tu es、il est 等同音异义形式的变位。有些学生甚至会在 ils ont 和 ils sont 之间迷糊打转。再增添一笔涉及过去分词以及在它的未完成过去式或不定式之间傻傻分不清的乐趣。多少次在学生的作业中,我撞见了 j'ai était、vous avez manger 和 ils ont finit 这样的表达法！甚至在过去分词使用正确、拼写无误的情况下,还不能忘记进行性数配合：这将是后文即将涉及的内容。

您可以因恼火而大声斥责复合过去时,但更应注意到它是获胜的一方,简单过去时只是即将被摈弃的一块荒石,安静地等待着被时间蚕食干净。虽如此,我们依旧需要寻其根、溯其源,它对我们了解法国历史大有裨益。

虚拟式未完成过去时

说到这"荒石",不得不提的是,它曾由粉尘般的一滩废墟经巧妙地修建,谱写了辉煌骄傲的历史,而今又退化成只能在三两部老气横秋的作品中才能被瞧见的烂石碎砾。

那么,这描述的到底是什么呢？人们了解虚拟式,我们也在第十八章讲过；但人们对虚拟式未完成过去时知之甚少。它像旧日里旅行到世界最远处的旅行留下的回忆、朦胧、模糊。假设一句话：Pour fermer les centrales nucléaires, que voulez-vous que nous fassions? 现在将这句话的动词变成过去时：Pour fermer les centrales nucléaires, que vouliez-vous que nous fassions? 一般来说,我们只需要变 voulez 为 vouliez。但在典雅和稍带仿古风格的语言里,我们会将虚拟式现在时的 fassions 变化成对应的未完成过去时 fissions。于是,这个句子就成了：Pour fermer les centrales nucleaires, que vouliez-vous que nous fissions? 为什么呢？这里需遵循语法学家所称的"保持时态的一致"原则。再比如,您需要将下列句子从将来时转化为条件式（含义为"过去的将来"）：Je dis qu'il viendra /J'avais dit qu'il viendrait。

回到虚拟式。如我们保持语言的严谨,则应在动词的过去式甚至条件式后头使用虚拟式未完成过去时。如,On ne mange pas de bonbons, j'aimerais que vous sussiez cette leçon。这么说会不会比句子"On ne mange pas de bonbons, j'aimerais que vous sachiez cette leçon 显得更加小巧别致呢？

还记得高乃依的悲剧作品《贺拉斯》里的那两句十二音节的经典台词吗？读起来，犹如问题和回答紧密地融入到了一起，不分彼此：

Que vouliez-vous qu'il fît contre trois? Qu'il mourût.

人们同时想到了马塞尔·普鲁斯特，他将虚拟式过去完成时的完美运用变成了常态，尤其在下列摘自《女逃亡者》的节选片段中：

Lié qu'il était à toutes les saisons, pour que je **perdisse** le souvenir d'Albertine il aurait fallu que je les **oubliasse** toutes, quitte à recommencer à les connaître, comme un vieillard frappé d'hémiplégie et qui rapprend à lire; il aurait fallu que je **renonçasse** à tout l'univers.

当然，马塞尔的时代早已过去。到1920年初，虚拟式未完成过去时在文学、口语中更是用得少之又少。它的过时程度就如同它那已坍塌的庙宇，已基本被现在时取代了。但我们也不会强制规定您必须放弃它的运用。某些时候，我们确实感到很苦恼，因为我们会遇到极度需要运用这一垂死的时态的情况。如，下面这个句子，我们该如何将动词 être 填入横线呢：

Bien qu'il _____ à l'époque mon meilleur ami, je ne lui pardonnai une sa trahison.

我们知道，此处若填入虚拟式现在时 soi 是极为不合适的，因为标志时间的 à l'époque 说明了事情发生在过去。那么，填什么呢？用虚拟式的过去时，像这样吗：ait été？句意显然非作者初衷。直陈式的 était 呢？这是个美丽的错误，因为 bien que 后面必须接虚拟式。既然这样，我们只剩最后一种可能性，那就是虚拟式未完成过去时：Bien qu'il fût。这种写法能让人们嗅到一千页之外的学究气。

对我来说，虚拟式未完成过去时让我品尝到了语言的甜美。没有任何一种时态、形式、词汇能与这上个世纪里柔和细腻的味觉享受相媲美。当我还做老师时，我喜欢在学生们开小差的时候来一句："现在，我希望大家噤声！"（Maintenant, j'aimerais bien que vous vous **tussiez!**）学生们半惑半解："什么？老师刚讲什么了？是威胁，还是侮辱？"从他们的眼神中，我读出了迷茫与惊慌。

我是从初中四年级在我无比崇拜的法语老师的陪伴下开始接触这个时态的。在这整本书的编写过程中，我也尽可能最大化地将它展现给读者。我依稀记得自己在攻读本科一年级时——那一年我伤感满怀——每当我在提交上的作业里溜进一个这种时态的动词，我的那位法语女老师便会在作业两侧的空白处批注"不自然"。之后，您猜猜如何？我一丝不苟地继续此番行径直至期末，只为惹得红颜怒。

但是,这种"不自然"到底是什么？事实上,它最规律不过了——确实不假,我向您保证——也相当容易变位。我们只需要掌握它的变位规律即可。就拿 tu 打个比方,在它的末尾分别加上 -sse、-sses、-^t、-ssions、-ssiez、-ssent 即可。

平日里,我们可以将第一组的某些奇形怪状的动词拿来自娱自乐。如：

Il ne faudrait pas que vous nous pipeautassiez, de crainte que nous psychotassions!①

Comment voulais-tu que je vous géolocalisasse?②

J'aurais bien voulu que tu désimlockasses mon iPhone.③

Pour que vous buzzassiez, il aurait fallu que vous vous relookassiez.④

第三组动词的虚拟式未完成过去时变位形式也十分规则,虽然它几乎可以说是法语里最罕见的时态。如, que je pusse(pouvoir), que nous naquissions(naître), que vous traduisissiez (traduire), que je disse (dire), que nous bussions(boire) 以及著名的 Encore eût-il falllu que je le susse(savoir)？

虚拟式未完成过去时的第三人称单数的动词变位因和对应的较为常用的简单过去时变位的发音相同,才与时间无情的打击与毁灭擦肩而过,像 qu'il mangeât、qu'il grandît、qu'il fît、qu'il eût、qu'il fût 等。迄今,我们只发现一种用于口语、但含义极其受限的虚拟式未完成过去时的表达,那就是 ne fût-ce, 如例句：J'aurais tant aimé que l'on écrivît à l'imparfait du subjonctif, ne fût-ce que ces quelques lignes 等。

最后,在它完全沦为碎石沙砾被历史封存不被后人知晓、追忆与传递之前,来看看莱昂布洛瓦的几句说辞："自然,我们也可以很蠢很傻,依旧运用虚拟式未完成过去时。但它的怨恨也只能埋藏于一个傻人的心底。"

---

① 您不该对我们撒谎,免得我们替您操心。
② 你想让我怎样给你们定位？
③ 我很想让你帮我解锁我的苹果手机。
④ 要想一炮走红,您得换种打扮。

阿莱与虚拟式

  阿方斯·阿莱,上帝面前伟大的喜剧作家,最钟情于自娱自乐式的咬文嚼字。年轻时,身为记者的他每个月都会跑到出纳员面前说:"您好!我来取我的那个薪水(mon appointement)。"过了阵子,这名出纳员实在忍不住了,便当面纠正了他的错误:"你要说'我的那份薪水(mes appointements)'。"阿莱回答道:"对,是应该用复数。但我懒得为了这么点报酬动用复数形式。"

  在阿莱的《多情的哀怨》中,他将两种"情感"——简单过去时和虚拟式未完成过去时——融为一体,展现了另一番文字的欢趣:

Oui, dès l'instant que je vous vis	对,自我看到您的那刻起
Beauté féroce, vous me plûtes	狞厉之美,您使我欢喜
De l'amour qu'en vos yeux je pris	从您眼里我汲取了爱
Sur-le-champ vous vous aperçûtes	您便顷刻间了然于心
Ah! Fallait-il que je vous visse	啊!我得这么看着您
Fallait-il que vous me plussiez	我得这么迷恋着您
Qu'ingénument je vous le disse	对您纯情的表白,换回了
Qu'avec orgueil vous vous tussiez	您高傲的静默
Faillait-il que je vous aimasse	我得爱上您,才能
Que vous me désepérassiez	感到被拒绝的失落
Et qu'enfin je m'opiniâtrasse	我终究执着地爱
Et que je vous idolâtrasse	疯狂地爱
Pour que vous m'assassinassiez!	才能让您彻底把我伤害。

血色夜里的昔日怪兽之爪牙

——过去分词的性数配合

"这是我这三十年来读到的最让人甘愿恐慌的篇章了。"

——斯蒂芬·金

Bête noire(阴性名词,意为"黑色恐惧"),指的是人们所畏惧的人或物。它的等义语是"过去分词"。

终于,多数法国人的噩梦降临了,正如某些人不怀好意的暗暗诅咒:"我看他绝对学不到家。"您放心,我会将极为复杂的语言点放在最后讲。

过去分词,尤其论及它的性数配合——它的多种配合规则,我应该这样说——像极了斯蒂芬·金和《行尸走肉》电影导演合作完成的一部恐怖片。您是爱看恐怖片的,对吗?那颗忐忑不安的小心脏陷入了悬浮不定、不知何时才出现的危险之中。一阵阵惊喜交加的紧张片刻让您汗毛竖起,您不禁拿出手掌半掩着眼睛,时不时向屏幕探个头,忍不住瞥一眼、瞧一瞧,仿佛被勾住了魂似的。总之,这是一种受虐式的快乐体验。

过去分词就有点这样的味道,是一种由崇拜斯蒂芬·金的语法学家制造出的自作自受式的快乐。

门"嘎吱"一响,一团黑暗的阴影悄悄向我们袭来……就是它了!

第一组镜头:影子出现了

就这样,过去分词一步步靠近,将整个身体(être)覆盖和同化一切它经过的物体(objet):一个身影出现在昏暗中(Une silhouette est apparue dans la pénombre)。这句里的过去分词 apparue 与"影子"silhouette 在有助动词 être 情况下进行配合。这个规则干净利落，清晰简明。再如句子：Les séries sont devenues violentes, elles sont remplies de geysers d'hémo-globine（这部剧越来越暴力了，到处弥漫着鲜血淋漓）。我们发现，它其实和形容词的用法一致，就像格拉哈姆在电影中的欢呼："过去分词不过是一种动词式的形容词！"

虚假的警告。那扇阴森、吱吱作响的门没有通往任何可怕的景象，只出现一条善意的规则：那黑色恐惧变成了一只可爱至极的小米象，正呼噜噜地喘着粗气呢。

您恢复呼吸、放缓心跳，可以继续随我们一道观看接下来的影片了。悬念还在后头呢！

第二组镜头：阴影浮现

您安定心神，放松了警惕。

突然，一团阴影浮现在屏幕上。谁在那儿？原来是借助动词 avoir 表达的过去分词。这只怪兽虽有着新面孔，但一点儿也不让人害怕。

它僵化固执，完全不把它的主子放在眼里，也从未顺着主子的意思进行配合。于是，我们说：Une ombre a surgi, a avancé et a fait un petit sourire édenté（一道阴影闪现，向前挪动着，微笑着，露出了残缺不全的牙），这个句子里，所有的过去分词都不与主语配合。此处的规则也十分清楚，没有激起任何波澜。

这部恐怖片再次让您的期望落空；想要看惊恐的杀戮场面，还得再耐心等待片刻。

第三组镜头：一场虚惊

影片继续，气氛也变得越来越沉重、凄凉与忧心。

突然，危险来临了，您感觉到了吗？一只冰冷、干瘪的手向您伸来，吓得您魂飞魄散。"魔怪触碰了您的肩膀，慌张勒紧了您的喉咙，畏惧刺激了您的膀胱……"（Vos épaules, que le monstre a touché; votre gorge, que la grayeur a serrée; votre vessie, que l'horreur a soudain stimulée ...）您不敢回头。因神经受刺激，除了肩膀、喉咙和膀胱，您再无其他知觉。

这些重要信息的传递者，往往也是制造恐慌的幕后元凶。瞧出它们是如何运作的吧！过去分词与动作的承受方配合，因为承受方才是核心：在有助动词 avoir，并当重要信息(什么人或什么事)出现在句子的前一部分时,我们需将过去分词与之配合。再如例句:Quelle frayeur on vous a faite! 这句话里,哪个才是重要的信息呢? 是单词 la frayeur! 它出现在什么位置上呢? 在句首! 因此,它指的过去分词与之配合(faite,而非 fait)。

您全身哆嗦,战战兢兢地转过身。那冰冷、干瘪的手原来是您隔壁家的邻居,过来提醒您不要将爆米花吃得"咯吱"响。

瞧您那怒气冲冲的样子!

别动我的分词!

有些人希望看到这样的规则消失(即所谓的"分词与直接宾语配位"规则),因它将过于繁冗、缺乏逻辑,还不受尊重。至少,这是瓦隆-布鲁塞尔联合会在一篇题为《自由》(源于《比利时人掀起的战争》,2018 年 9 月 4 日)的文章里所期待的那样。那么,这样的规则是否受民众的尊重? 当然不。它很烧脑吗? 也不。那么,是因为没有被解释清楚吗? 正是这个问题。

但首先,我们来问自己几个根本性的问题:到底是谁突发奇想,非得让过去分词与前置的直接宾语进行配合? 一切皆归功于 16 世纪的诗人克雷蒙·马罗。他双手提着行李包,里面满是他向我们的好友意大利借来的精巧别致的纪念品,其中包括一瓶柠檬酒,一个"比萨斜塔"水晶球,一套系统的十四行诗创作和分词的性数配合规则。马罗在《给门徒们的箴言》里,用八音节诗这样描述到:

Or prouveray par bons temoings,	那么,就来有效地证明,
Que tous pluriers n'en font pas moins.	所有的复数也参与其中。
Il fault dire en termes parfaictz:	我们要用正确的措辞讲:
Dieu en ce *monde* nous a faictz;	世间的上帝创造了我们;
Fault dire en paroles parfaictes:	我们要用地道的言语说:
Dieu en ce *monde* les a faictes;	世间的上帝创造了他们;
Et ne fault point dire en effect:	而的确不应该这样表达:
Dieu en ce *monde* les a faict.	世间的上帝仓告了他们。
Ne **nous a faict**, pareillement,	亦不能说它仓告了我们,
Mais **nous a faictz** tout rondement.	应坚定地说创造了我们。

坦言讲,这条配合规则来自中古拉丁语的语法。我们要至少回倒几个世纪的历史胶带才能更加了解这部恐怖片的来源。

中古拉丁语中产生了一种将动词 avoir 和过去分词相配合的形式。人们会说 "habeo epistulam scriptam"，法语为 "j'ai une lettre écrite"，含义即"我拥有，我手里拿着一封书信"。句子里的过去分词 écrite 与 lettre 相关，用法完全和形容词一样，即需要和该"信件"配合。随着时间的推移，这个用法固定了下来，并取法语的复合过去时的 j'ai écrit une lettre（我写了封信）的含义。古法语里，词序并不是一成不变的（拉丁语留下的痕迹之一），分词也可以跟在动词 avoir 后边，但它依旧需要和对应的名词配合，如 j'ai écrite une lettre！还记得隆萨尔吗？那个用优美的诗句引诱年轻貌美的姑娘的老滑头。他说：

Mignonne, allons voir si la rose	娇滴滴的美人，一起去观赏
Qui ce matin avait déclose	今晨的玫瑰是否向着太阳
Sa robe de pourpre au soleil.	张开了她紫色的裙裳？

过去分词 déclose 明显与它后头的 sa robe 配合。

这样，我们就能理解为什么马罗制定的配合规则会取得成功。一直以来，我们都习惯将分词与回答"什么人""什么事"的名词进行配合，无论这类名词处于什么位置。仔细想想，马罗其实已为我们简化了这条规则。若人们想要写出来的句子严谨、逻辑（正如持简化观的语言学家们主张的），就必须遵循系统的语法规则。

伏尔泰却冷言相向，用戏谑的话开玩笑说："克雷蒙·马罗从意大利带回了两样东西：天花和过去分词。我认为，第二样东西的破坏力更大。"

不知您在书写中会如何选择，但我会始终进行分词配合。它不仅妙不可言，而且逻辑严密，如一场让我神清气爽、焕发活力的温水浴。

第四组镜头：恐慌，占据了我！

一段简短的过去分词广告宣传过后，回到我们的影片中来。

到目前为止，我们不得不说，这与其说是部恐怖的电影作品，不如说是则风趣幽默的小故事，里头的情节足以唤醒观众最敏锐的情感，一部十足的"语法的五十道阴影"[①]。

当然，还是有那些惊悚的时刻，比如，当副代词 en 出现在屏幕上。它看似不起眼，但您千万别低估了它的手段。它有多么不起眼，就有多么可怕。它侵入了您的

[①] 奥斯卡·维尔德的小说《格雷的五十道阴影》（*Cinquante nuances de Grey*），作者将它改写成 *cinquante nuances de grammaire*。

大脑,将疑惑注入进了您的身体里:此时的过去分词还需不需要性数配合呢?像这样:des claques, j'en ai prises、des bourdes, j'en ai faites? 不。副代词 en 一旦置于前面,我们将永不配合,无论它在您耳蜜语甜言地诱惑您加一个 e(s)。于是,我们应写成:des claques, j'en ai pris、des bourdes, j'en ai fait。这"简直荒谬至极!无半点逻辑。"笛卡尔主义者叫嚷道。其实不然,副代词 en 是个不会变化的词汇,即"中性"(坐立不安的语法学家,在没有其他更好的称呼的前提下,把它取名为"副代词")。因此,它本身既无性数变化,也不要求过去分词与之配合。

第五组镜头:那些怪兽们,您看到它们(被)屠杀了吗?

无怪乎,您开始打起寒战,步步逼近的是最令人厌恶的双头蛇怪:两个反向的舌头正是两种过去分词,因一个不定式动词显得容貌崎岖。它们虽看上去很相像,但你下意识地感到这两者之间存在着某种本质的不同。其中一个头是:Ces monstres, vous les avez vus tuer;另一个头是:Ces monstres, vous les avez vu tuer。一阵不安与焦虑袭来……

您还能跟上电影的播放节奏吗?这些怪兽是"杀了别人"(ont-ils tué)还是"被别人杀"(ont-ils été tués)?杀还是不杀,这是个问题。答案就藏在过去分词的配合里。

为了弄明白到底是怎么回事,我们将它的头放回原位。第一颗头更加活跃、粗暴和有侵略性。因此,是它实施了"杀"的行为。所以,在不定式动词前的过去分词要与施事方相配合。当这群怪兽在大开杀戒时,我们就需要写成:Ces monstres, vous les avez vus tuer。相反,第二颗头更加温顺、被动而具有防备性。所以,位于不定时动词之前的过去分词保持不变。于是,当这群怪兽惨遭杀害时,我们就需要写成:Ces monstres, je les ai vu tuer,这两者之间的区别相当大,它们展示了两个截然不同的行为。

假设您暂时厌倦了恐怖片,想找个动物世界这样的纪录片观看:Ces animaux, je les ai vus manger / Ces animaux, je les ai vu manger。这些动物们到底是捕食者还是猎物?在第一个镜头里,它们是一群狂暴的狮子,正在大口啃食一只瞪羚;在第二个镜头下,它们是一群迅速灵巧的瞪羚,这群可怜的小家伙们正在被吞食。看到最后,这个纪录片和前面的恐怖片不仅同样血腥,还极具真实感。

您若诚心想远离暴力,就该前往歌剧院:Ces cantatrices, vous les aurez entendues chanter / Ces airs, vous les aurez entendu chanter。规则不变,只是跳动的音符取代了血色的残酷。

第六组镜头：持续两小时的电影

电影即将结束，不知不觉，时间已经过去了两个小时（les deux heures qu'il a duré）。等等！（您吓得头发竖立）电影末尾突然跳出的这不伦不类的生物到底是什么？记忆里的恐怖片，好像没有这类镜头。是啊，过去分词正是如此：它总时不时给我们带来惊喜。

Les deux heures qu'il a duré 便是这样一种隐蔽的生物：句中的 que 让人们认为其后的过去分词需要与之配合，即 durées，否则，它的存在便无意义。这些背信弃义的家伙们何时才肯罢休？您的脑袋耷拉下来，您开始近距离研究这只生物。它看上去需要和"什么人""什么事"相配合。但经再三思考，您发现它既不对应"人"也不对应"事"，它更像在回答"多久"：电影持续了多久？——两小时。所以，这里的过去分词不进行性数配合。于是，我们写成：Les deux heures que le film a duré。

同样的道理，在以下表达中，过去分词同样保持不变：les trois kilomètres que j'ai couru；les 5 euros que cette place de ciné a coûté（别怕贵，您有一张打折券在手）；les 18,90 euros que ce livre a valu（虽然贵，但书中自由黄金屋）。今后，只要抛出的问题涉及"多少""多长""多久"等，分词皆保持不变。

然而，当询问的是"什么事"时，上述提到的动词都需要进行配合。如 les risques que j'ai courus；les larmes que ces efforts m'ont coûtées；les félicitations que ce livre m'a values；等。

片尾字幕

电影结束了。其情节一波三折，每每令人提心吊胆；阴谋诡计亦是无处不在。但您被这精彩的剧本和观看的效果深深吸引，反而对过去分词这只蛇怪产生浓厚的兴趣。您曾心怀畏惧，被吓得直打哆嗦，但您仍然心情愉悦。

您不禁叹道："这部影片太棒了！期待第二部。"

注意：因部分教育家和语言学家表示，该剧的情节过于暴力，需进行部分删减，甚至有可能从影院和市场直接下架。好好保存吧，它无疑将成为价值不菲的珍藏品。

"尸体剖验"

——代词式动词的过去分词

我已和您谈了好几页的"黑色恐惧",但这一章的代词式动词的过去分词的配合规则更黑更暗、更可怕。

虽说不上是毫无根据地过分追求细枝末节,也肯定算是相当复杂了。它定是由哪位患精神病的连环杀手兼语法学家创造出来的,杀得过去分词的配合,横尸遍野、不忍直视,让不少语法初学者晕厥了过去。

因此,得先研究这些受害者们,再进一步剖析每个动词,才能揭秘这屠杀背后的疯狂。

拿起解剖刀、手术剪和专用锯,惊心动魄的时刻到了!

第一位受害者:安娜·莉丝不见了

受害者是一个体型正常、日常惯用的动词:absenter。如句子 Anna-Lise s'est absentée。

首先,切开一道口子,摘除心脏、胃、肝脏和其他内脏器官。这时,人们看到了什么?一个深深植根于尸体里而无法摘除的小器官 se。问题来了,这个 se 指代人还是事?它的作用是什么?它是否会为分词的配合提供某种线索?

解剖继续。经测量它的语法重量和分析它的语义含量,我们认为它是一个与动词 absenter 不可分割的代词。但目前尚不清楚它有什么用途,也不确定它指代什么人或事。它抵御了一切深入的语法学观察。

现将"尸检"情况做个简短的汇报(débriefing,地道的法语为 réunion-bilan)。

解剖的结果毋庸置疑。下面一步是通过观察代词 se 来揭示动词的过去分词的运作规律。若您觉得它无法回答"什么人""什么事"和"对什么人""对什么事"这两类问题，那么，这个时候，过去分词就要和主语配合。

如，Elle s'est **souvenue** de ses vacances à la morgue de Clermont-Ferrand，（读者可将"克莱蒙·费朗的停尸间"换做任何地方）此句中，代词 se 没有指代可鉴别的人或物（它没有含义，但语法上规定它必不可少），我们不会这样回答：Elle a souvenu qui, quoi, 或者 Elle a souvenu à qui, à quoi。因此，过去分词自然而然地需要和剩下来的那个主语配合，即 Elle。

同样，句子 Nos vacances à la morgue de Clermont-Ferrand se sont bien **passées**，我们不会就这个句子这样提问：Nos vacances ont passé qui, quoi 或者 à qui, à quoi。这样的询问不可理喻。因此，代词 se 没有含义，过去分词便需要和主语 Nos vacances 配合。

最后，再来看一个例子。对于句子 Ils se sont **aperçus** des beautés secrètes de la morgue de Clermont-Ferrand，我们可以这样提问吗：Ils ont aperçu qui, quoi 或者 ils ont aperçu à qui, à quoi? 不行。这样说毫无逻辑。因此，过去分词需要和主语配合。

第二位受害者：安娜·莉丝洗了手

您像是一名一流的律师，于是人们将另一个棘手的案子委托给您——主角是一帮杀害语法的凶犯。真是一波未平一波又起。

受害者仍是一个常用动词：Anna-Lise s'est lavé les mains，而这次，摘取代词 se 却显得异常迅速，轻而易举。在无影灯强烈的白色光照下，锯、刀、剪三两下灵活的来回，您即发现了真相：代词 se 身份明确，为人所熟知。

现就解剖结果汇报如下：

本次尸检揭开了谋杀语法的谜团。大多数代词式动词都能通过研究代词 se 寻找到答案。从这点出发，我们找到了两种答案，即两种需要进行性数配合的情况。

要么，您回答关于"什么人""什么事"的问题。此时，过去分词要和前面的代词 se 配合，因为它本身包含重要的信息。您若没有在前一章讲解恐怖电影时昏睡过去，那么，这里就很容易理解了。规则不变，句子 Anna-Lise s'est lavée，安娜洗了什么？她自己！因此，过去分词要和代词 se 配合。

要么，您回答关于"对什么人""对什么事"的问题。此时，代词 se 不再含有重要信息，过去分词保持不变。如，Anna-Lise s'est lavé les mains，安娜给谁洗了手？

给她自己。那么，过去分词不需要配合。同样，下面这个句子也经常让人出错：Elle s'est permis de disséquer quelques cadavres，她允许谁（将允许给谁）去解剖尸体？她自己。类似像 Ils se sont ressemblé, elles se sont succédé, elle s'en est voulu, ils se sont disputé 等表达，均回答的是"对什么人""对什么事"等问题，过去分词始终保持不变。

其实，这学起来也并不困难，不是吗？黄金定律是专心研究代词 se，并尝试找出它所回答的是哪类问题。

走出太平间

您现在活力四射、热血沸腾，因尸检的切割、钻探、剖析带来的欢乐决定与代词式动词谈一场闪电般的恋爱。来看看下面几组搭配，它们是否需要配合呢？

Ils se sont rencontré, parlé, plu, convenu, aimé, marié, puis disputé, menti, haï et séparé.

答案是：

Ils se sont rencontrés, parlé, plu, convenu, aimés, mariés, puis disputés, menti, haïs et séparés.

结语　错误哪里藏！

——来自完美书写主义者的诅咒

我们在充满古拉丁风情的语法和拼写的旅途上跌跌撞撞，总算顺利地达到了终点。您微微颤抖着问道："如何结束这段美妙绝伦的旅程呢？如何向它道别？"

那就以一道咒语结束吧。

古往今来，咒语千差万别，既有虚构的，也有来自历史和科学的。比如，图坦卡蒙的陵墓像、圣骑士、希腊神话里阿特柔丝的后代们、肯尼迪部落，以及墨菲定律（就是那总让您在结账台前选择最短的队伍而往往等待最长时间的定律）等。

然而，还有一种诅咒，虽然不致命，但也根深蒂固；它常被忽略，甚至被视作禁忌，被避而不谈。那就是"让语法与拼写尽善尽美"的咒语。

常听人们说，法语的拼写既是可怕的活儿，又是无用的负担，只会给大脑添堵。它从头到脚，从里到外尽是愚人式的琐碎繁杂。但对包括我在内的一部分人来说，过去分词的配合、双重辅音的灵动，以及动词变位那洛可可式的小巧都历历在目，让人乐享其中。

我畅游书海，无忧无虑，任思想自由驰骋。我漫不经心地扫视着眼前的一切文字记录：短信、牌匾语、布告通知、交通标识、门店招牌等。突然，我眼神凝固，直勾勾地盯着迎面扑来的那处错误。要知道，我并没有特意寻找它，我可不是负责查案追凶的词汇学侦探。

于是，咒语从第二天清晨您刚刚爬起床的那一刻开始起作用。您放着涂抹着黄油与"巧婆婆"果酱的面包片和浓香咖啡的早餐不吃，转而塞进了两块带有格勒维斯千层饼美味的语法规则，细嚼慢咽。

咒语一路跟随进地铁，在您贪婪地翻开书的刹那再次出现。恰好到了这本悬疑书最肉颤心惊的高潮部分，还剩最后几页。就在这决定命运的重要关头，那神秘的凶犯终于落网。他的真面目是……嗨！怎么有处过去分词配合的拼写错误！真是扫兴，搅黄了秘密揭露的神秘感。您从此不再读侦探小说，因为这里头的凶犯又制造了一名新的受害者：语法。

到了布里克拉奇先生的家用工具第三轮打折了吧？（la 3ème démarque des soldes estivales chez Mr. Bricolage）对高标准高要求的完美主义书写者来说，当然不是。他不喜欢这类夏季的减价商品（les soldes estivaux），亦无法控制自己不去揪出印刷里的拼写错误：Monsieur 应简写成 M.（Mr. 是英语 Mister 的缩写），troisième 要简写成 3ᵉ。这就是完美主义书写者永远都无法成为日常生活小能手的原因。

此刻，您在上班的时候打开了电视，咒语又一次灵验。在新闻频道的标题上写着 La France toute entière est solidaire（全法上下团结一致），您不感到吃惊吗？问题不在于法国是否团结一致，而是在单词 tout 的配合上。您看，tout 既为副词，是不变化的，我们要写成：La France tout entière。

趁着老板不在身旁，再去网页上浏览浏览，各类错误五花八门，应有尽有。您动不动单击个"此外"（ici），进行个"小册"（quizz）自娱自乐，都是常有的事。但这样只会让完美主义者嗤之以鼻。他既不喜欢做"小测"（quiz），更不会点击"此处"（ici）。

您漫步寻着爱吃的甜食。在一家大型糕点铺的橱窗前（咱还是隐去店铺的名称，以免遭人恨）或星级餐厅的菜单里，完美主义者常会点份"羔点"（entremet）。只可惜，少了个 s，就像蛋糕顶层不见的那颗红樱桃。眼睛再往后一扫，发现这蛋糕名称的名字看上去也别扭得很：谁还会记得一块"杏仁奶油千层糕"（pithiviers）的后头还跟着个 s？或者"黄油方糕"（petit-beurre）、"黑森林"（forêt-noire）、"巴黎布雷斯特"（paris-brest）、"圣诺黑香缇泡芙"（saint-honoré）的复数形式呢？除了完美主义者，其他人与其尝试挑战它们的拼写，不如作罢，买来直接吃。

还是继续聊聊烹饪。在里尔的旧货集市的每个小咖啡馆里，人们都能品尝到"海味贻贝料理"（moules marinières）。若要让那位完美主义者品尝，他定垂头丧气，食之无味。这 moules marinière 本是 moules à la marinière 的简称，所以，后头的单词 marinière 不作任何改变（类似的，我们有 des cafés crème 奶泡咖啡、des lapins chasseur 猎人烩鸡、des oeufs mayonnaise 蛋黄酱鸡蛋）。这样一来，那最爱打趣的人不得不承认，这盘菜也就是一种简单的贝类海鲜而已。

还记得在我刚迈入学校当老师的学期初，学校召开了一次集体会。校长亲临会议。他张口来了句："C'est nous qu'on doit decider……"我仿佛能感到胃肠一阵痉挛，溶解的五脏融成了一团。十年过去了，我的耳根依旧杂音回响，原先错位的内脏器官还依旧错着位呢。

类似的例子不胜枚举。只可惜,错误拼写税①被撤销了。否则,那位完美主义者早就是家财万贯的富翁。

但人们逐渐发现,这位语法完美主义者并非不懂人情世故,也从未摆着副妄自尊大的架子招摇过市。他更像是词汇拼写故事里的唐吉诃德。他受苦受难,有诸多抱怨,因为他对语言感同身受:当语言残缺不全、破损不堪之时,便是他痛苦受难之际。希腊神话里的阿特柔斯深陷复仇女神厄里倪厄斯布下的诅咒,而完美主义者则是词汇拼写里的阿特柔斯,被大量的错误附体缠身。巨型的也好,微小的也罢,一个个错误如同钻子扎进他的眼孔,闪进大脑,撞碎了那颗温柔多情的心。

完美主义者和语法错误定是对坠入爱河的恋人。前者情感之真、爱意之深使他极度敏感与矛盾。完美主义者撞见了错误,就同拉辛笔下温婉年迈的菲德尔爱恨交织的情感如出一辙:

> 我看着她,脸通红,唇苍白;
> 一阵慌乱涌上我跳动的心头;
> 她黯淡了四周,沉默了我的语言;
> 我感到全身燃烧,四肢麻木。

完美主义者和错误,就是这样一对被下了咒的恋人,像菲德尔爱上了不应爱的依包利特。

另外,一款相亲软件进行的一项最新调查数据显示了词汇拼写在爱情方面的重要性:一份语法准确、书写规范的个人简介将会有六成相亲成功的概率,而一份千疮百孔、错误百出的简介只有三成成功的概率。这正是,写一手好文好字,叩开一颗芳心。就连那咒语,也成了对爱情的恩赐。

总之,我希望每位读者都是被"诅咒"的幸运儿,因为它往往是快乐与谦虚的源泉。她让人们尊重已知,渴求未知;她激发了人们寻根、探因、揭秘后对语言的无限热爱,让人们体验到豁然开朗后的惊喜与新奇。

面对这片富饶的语言、错综复杂的历史和无以抗拒的怪异,有人无动于衷,或心存畏惧,也有人无条件地爱着它。

无论善恶好坏,这个诅咒都是完美主义者给人类的馈赠。

---

① ISF,本指代 impôt de solidarité sûr la fortune,巨额财产税,此处被作者改成 impôt sur la faute。